社会调查与统计分析实验教材

主　编　孟雪晖　朱静辉

副主编　朱巧燕　李　悦　林　凯

ZHEJIANG UNIVERSITY PRESS

浙江大学出版社

图书在版编目(CIP)数据

社会调查与统计分析实验教材/ 孟雪晖,朱静辉主编. —杭州:浙江大学出版社,2016.1(2025.7 重印)

ISBN 978-7-308-15381-2

Ⅰ.①社… Ⅱ.①孟…②朱… Ⅲ.①社会调查—调查方法—教材②统计分析—教材 Ⅳ.①C915 – 31②C812

中国版本图书馆 CIP 数据核字(2015)第 286256 号

社会调查与统计分析实验教材

孟雪晖　朱静辉　主编

责任编辑	徐　霞
责任校对	杨利军　秦　瑕
封面设计	续设计
出版发行	浙江大学出版社
	(杭州市天目山路 148 号　邮政编码 310007)
	(网址:http://www.zjupress.com)
排　版	杭州林智广告有限公司
印　刷	杭州钱江彩色印务有限公司
开　本	710mm×1000mm　1/16
印　张	12.75
字　数	223 千
版印次	2016 年 1 月第 1 版　2025 年 7 月第 6 次印刷
书　号	ISBN 978-7-308-15381-2
定　价	39.00 元

前　　言

　　社会调查是人们运用特定的方法和手段，从社会现实中收集有关社会事实的信息资料，并对其做出描述和解释的一种社会认识活动。社会调查研究是辩证唯物主义的重要组成部分，也是做好一切工作的基础。然而社会调查的方法有多种，每种方法均有其自身的特点和运用技巧。对此，结合编写者多年教学实践，在查阅大量文献基础上，我们组织编写了《社会调查与统计分析实验教材》这本书，以满足社会调查实验课的教学需要。

　　本书共分为九章。第一章为绪论，主要介绍社会调查的基本内涵、历史概要和一般程序等内容；第二章为社会调查的选题与文献研究，主要介绍如何确定研究主题和问题、如何进行文献检索和分析以及大学生如何进行科研课题的申请等；第三章为社会调查的研究设计，主要介绍所研究的单位和时间维度、测量的指标、社会测量的信度和效度等；第四章为社会调查中的问卷调查法，主要介绍调查时抽样的原则与方法、调查问卷的设计、问卷的发放与回收方法等；第五章为社会调查的观察法，主要介绍观察法的含义与类型、观察的步骤与技巧、参与式观察的方法学分析等；第六章为社会调查的访谈法，主要介绍访谈法的内涵与基本特征、访谈的程序与技巧、团体访谈方法、访谈法的局限与访谈资料的分析等；第七章为计量资料的统计分析，主要介绍在 SPSS 软件中如何实现对计量资料的统计描述和统计推断等；第八章为分类资料的统计分析，主要介绍四格表资料、配对设计资料以及多个独立样本的列联表资料的统计描述和统计推断等；第九章为相关分析，主要介绍连续型变量间的相关分析、分类变量间的关联性分析、偏相关分析等。参与本书编写工作的有温州医科大学人文与管理学院孟雪晖、朱静辉、朱巧燕；南昌大学公共卫生学院李悦；浙江省医院发展中心林凯。

在本实验教材的编写过程中编者参阅了大量研究文献，在此对被引用的有关参考书籍和资料的作者们以及帮助本书出版的浙江大学出版社的编辑们和朋友们致以诚挚的谢意。限于时间和水平，书中难免存在不当和错谬之处，恳请读者批评。

孟雪晖

2015 年 12 月

Contents

第一章

绪　　论

☞ **实验教学目的**

    1. 掌握社会调查的基本内涵。

    2. 掌握大学生社会调查的特征和意义。

    3. 掌握社会调查中质性研究和量性研究的思路框架。

    4. 了解社会调查的历史和一般程序。

☞ **实验教学内容**

    1. 阐述社会调查的基本内涵和大学生社会调查的基本要求。

    2. 分析大学生社会调查的特征、必要性和意义。

    3. 阐述社会调查中质性研究和量性研究的含义和特征。

    4. 阐述社会调查的历史概要和一般程序。

第一节　社会调查的基本内涵

一、社会调查的内涵

作为社会研究方法之一的社会调查,其传入中国的时间并不久。民国时期很多做社会调查的先行者都曾明确地表示社会调查是西洋的方法,是西方的舶来品,因此,他们也断定社会调查输入中国并扎根中国还需要很长时间。然而,值得注意的是,随着西方社会调查的成熟,在西方接受高等教育的中国留学生以及到中国来授课的外籍教师很快就把这种社会研究方法带入中国,随着一些社会调查研究的展开,社会调查开始在中国得到大规模的应用,从而掀起了 20 世纪二三十年代中国社会调查的高潮。

社会调查起源于 19 世纪末 20 世纪初的欧美,确切地说源于社会改良想法的社会调查滥觞于 20 世纪初。中国近代尤其是 20 世纪二三十年代的社会调查较多,追溯其渊源可以说是受美国社会调查研究的影响。美国在 19 世纪末 20 世纪初的社会转型过程中,出现了许许多多城市化过程中的问题,这些问题刺激了一批学者和记者从事社会调查工作。最为典型的是美国社会学中的芝加哥学派,他们所做的城市社会学调查,就是围绕着芝加哥城市化的犯罪、移民、环境以及种族等问题展开的。早期的社会调查大体是因为工业化带来的社会问题较多,而要解决这些社会问题制定社会政策,就需要对这些社会问题进行第一手的调查和资料掌握。在英文中,社会调查有两种含义,即 survey 与 investigation,社会学上较常用到的是 survey,偏重为全方位、整体性的社会调查,investigation 指的是局部性调查,有一定的区域范围和侧重性,常用于一些新闻深入报道。在美国,社会调查同时经历了这两种调查的发展高峰,出现了一大批社会调查的案例,例如美国春田调查。这个调查就已经非常翔实了,涵盖了城市生活的各个方面,学校、精神缺陷者以及醉酒、娱乐、救济事业等等。我国类似的调查是 20 世纪 30 年代社会学家李景汉先生主持的在河北定县做的社会概况调查。

从以上对社会调查的一个简单梳理,我们对社会调查有了较为感性的认识,但什么是社会调查,我们仍然需要进行理论上的定义。各个学者会根据不同的侧重点进行定义。袁方从社会调查的发展过程把社会调查分为三种类型,第一种是行政性调查,包括古代国家的人口与户口统计、土地统计、赋税单位等等;第二种是实用性调查,直接目的是社会改良或者因为社会问题而来;第三种则是学术性调查,目的是为了构建和检验理论。袁方直接从社会调查的分类来定义社会调查,而风笑天认为社会调查指的是一种采用自填式问卷或结构式访问的方法,系统地、直接地从一个取自总体的样本那里收集量化资料,并通过对这些资料的统计分析来认识社会现象及其规律的社会研究方式。在这里,社会调查强调调查方式的重要性,即问卷方式或者访谈方式。而张蓉认为社会调查研究是在系统地、直接地收集有关社会现象的经验材料的基础上,通过对资料的分析和综合来科学地阐明社会生活状况及其发展规律的认识活动。社会调查是人们运用特定的方法和手段,从社会现实中收集有关社会事实的信息资料,并对其做出描述和解释的活动。这只是比较有代表性的现当代学者的几种意见,归纳起来就包括了几个方面:第一,怎么去收集资料,要运用哪些科学的方法,问卷、访谈、实验和观察都是资料收集的手段;第二,通过科学的方法收集到资料之后要进行科学的分析,科学的分析需要运用到各种现代统计分析工具和软件;第三,研究的目的,通过资料的收集与分析,达到什么目的,是为了国家统治服务还是解决社会问题,或是揭示社会本质、建构理论、揭示事物的发展规律。

二、大学生的社会调查

严格意义上的社会调查大体具有翔实的计划,并由受过严格学术训练的学生或者学者进行。相对于学术意义上的社会调查,我们在这里所讲的以及实习的社会调查实验,主要针对的是大学生如何进行社会调查,是让大学生可以初步地了解社会调查含义,以及他们该怎样着手进行社会调查。对刚刚进入大学的学生而言,因为知识程度以及经费的限制,不可能进行整体的宏观社会调查。所以,大学生的社会调查既有一般调查的共性,也有其特殊性。大学生其实有许多社会调查的机会,例如在大学生每年要参加的社会实践活动中就可以进行调查。学生通过看、听、问、思考、分析及参与活动等形式,对农村、工矿、企业、街道、部队等单位进行社会调查,写出调查小记、见闻录等。大学生社会调查是大学生自己在课外有自己的兴趣与思考,或者对某些问题的理解有困难,或者产生困惑之时,自身参与到实践中寻找答案的一种有目的的行为。他们进行社会调查的目的并不是总结社会现象,探索社会发展的规律,更多的是加深自己对问题的理解程度,加深对实践的认知。因此,在这里我们对社会调查的定义相对来说比较狭窄,指的是大学生对社会现象产生困惑之时,有组织、有目标地采取一些系统的方法进行探索的调查活动。由于大学生刚刚进入大学时期,从高中的应试教育、书本教育中刚刚脱离出来,往往存在着书本唯上的观念,而一进入大学之后,由于知识多元化产生了一定的困惑,而且书本知识与实践往往脱离,这些都给学生带来了困惑、疑问,使得一些学生无所适从。正因为如此,大学生需要一定的社会调查能力,才可以将书本知识与实际生产结合起来,培养自己独立的思考能力。

首先,本书主要的面授对象是刚刚进入大学的大学生,因此决定了本教材主要是入门性质的,并不像其他专业书籍一样探讨一些深层次的问题,剔除了一些对于大学生比较难于理解的方面。如果读者想要更多了解社会调查,可以以本书为阶梯进一步阅读其他相关书籍。其次,本教材是在文科社会调查室的基础上进行操作的,也就是说,大多数的调查还需要依靠计算机辅助系统来完成,或者通过访谈室进行直接交流完成。因此,社会调查的重点是围绕着实验室设备展开的。当然,大学生的社会调查不可能囿于实验室,还必须走出实验室,走出校园,在更多的实验场所进行社会调查,例如农村和城市社区。在收集资料的时候,我们可能会用到各种方法,正如某些研究者所说的,正确的理解和准确的预测,不是凭空而来的,而是基于我们对社会现象的仔细观察,但是,由仔细观察得来的大量事实,必须经过统计分析,才能使我们对所研究的现象有一个客观的、全面的和系统的认识。其实,这就告诉我们无论是统计的还是观察的资料,都是以能更加全面地认识社会现象为目的的。

第二节 大学生社会调查的基本特征、必要性及其意义

一、大学生社会调查的基本特征

既然我们已经限定社会调查的主体为在校大学生,那么我们的社会调查也必须注意到大学生这个群体的特点。大学生正处在价值观、世界观、人生观形成时期,属于这个成长阶段的大学生容易受到外界的影响。而现时段网络报道虚虚实实,有些网络谣言非常具有引导性、煽动性,大学生若没有经过社会调查的训练,则很容易被这些虚假报道所迷惑。从年龄阶段来说,大学阶段是心理学家埃里克森认为的青春期,是自我同一性与角色混乱的冲突期。一方面,青少年本能冲动的高涨会带来问题;另一方面,青少年面临新的社会要求和社会的冲突时常常感到困扰和混乱。年龄上的不成熟以及自我心理与外界的冲突就成了这个阶段大学生的主要特征,正因为如此,这个年龄阶段的学生没有正确的理性指导,就很有可能会出现一些偏激行为。近几年来,社会上所频频出现的大学生被骗以及犯罪等事件,与他们的本身认识是很有关系的。

大学生正确的世界观不仅来自于大学教育,同时也应该从社会调查方面进行培养。大学生的社会调查认知较为粗浅,而且调查方法体系并不完整,需要经常不断地参与到社会调查中去,逐步在实践探索中完善自己的认知结构,从而用正确的世界观、价值观装备自己,对于看到的现象或者听到的说法能形成自己独立自主的判断,更重要的是形成正确的认识。社会调查与一般新闻媒体报道有本质的区别,新闻追求的是及时性以及事件的突发性。所以,我们看到的大多数新闻报道是截取了事实的一个面而已,它并

没有把整体性社会事实描述出来。社会调查要求用联系的眼光看问题，突出事物的复杂性。但是我们看到的多数现实是大学生看新闻的比较多，自己去做社会调查的则比较少，空谈议论的比较多，真正脚踏实地做学问的比较少。近代社会调查的主要先行者李景汉先生曾经在做社会调查时说过这样一段话：

> 现在谈民治主义的人不算少，但是有几位曾到三万万农民里去实地调查的呢？讲社会主义的人也不算少，但是有几位曾经详细剖解民众内容，专心研究工人现状的呢？我以为若要彻底地补救社会，断不能凭借任何一种舶来品的什么主义。解决社会问题的基础，在乎赤条条的事实，在乎烦琐复杂的事实，在乎用长时间和忍耐心换来的事实的调查。我是信仰社会调查的。

李景汉先生主张脚踏实地去调查，沉下心去调查，这正是大学生社会调查所需要的。虽然其主体的局限性决定了大学生所做的社会调查的规模和范围比较狭窄，但大学生可以根据自己的兴趣和疑问对一些特殊领域的问题展开社会调查，或者可以选择以校园为自己的调查区域进行调研，调查大学生的生活状况、衣食住行，以及思想动态等，或者关注学校周边地区的一些社会问题，或者是大学所在城市的一些社会状况，例如对城市农民工生活状况的调查、对农民工子女的教育问题的调查等等。大学生因为正处于大学就读中，他们所关注的调研范围不可能超出他们的能力，毕竟社会调查不仅仅是精力投入的问题，还需要必要的经费支撑。

（一）大学生缺乏研究方法的系统反思

大学生进行社会调查没有受过系统的方法论训练，对方法的运用并不是很成熟，因此在研究方法的使用上比较单一，基本上都是采用较为简单的问卷和访谈方法，而且问卷的设计极为简单，往往只是一种态度判断式的提问，并没有对一些衡量的因素进行指标化操作。例如，在大多数对学生的社会调查指导中，他们的问卷设计是非常粗糙和没有目的的。也就是说，他们在问题设计中根本没有考虑过问题这样设计的原因，以及这个问题与研究目标之间的关系，不善于从指标的运用角度来设计问题。有的学生对医患关系很感兴趣，他们设计的人们对医患关系的态度就是一个问题，即"你认为现在的医患关系怎么样"。这就把医患关系简化为一个简单的态度问题。这样的社会调查并不能严格检测出人们对医患关系的态度认知，但是大多数大学生的社会调查都会有这样一个简单化的经历。而随着调查的深入，再加上专业指导老师的介入,社会调查的方法运用就会逐渐成熟起来,大学生在问卷设计以及观察访谈中就会逐步积累起丰富的经验。

(二)大学生社会调查具有较强的时政性

大学生的社会调查与时势结合比较紧密,这与近几年大学所倡导的政策理念和学生的关注点是有关系的。通过近几年指导学生进行社会调查,笔者发现他们所选择的调查对象或者领域大多是国家政策关心的重点。例如,前几年大多数学生都非常乐意做农民工的调查,这与中央关注农民工的政策是密切相关的。又如,现在新闻报纸媒体上屡屡报道医患冲突的事件,导致了很多学生也乐意去调查医患关系。很多学生比较留心时事热点,自然希望通过自己的社会调查获得对时势热点的理解。最近几年,学生所提交的社会调查项目主要集中在大学生就业、网络购买消费、农村医疗等,这些都是现当代社会中值得去关注的焦点问题。当然,大学生社会调查关注当下的形势与热点问题,这也与指导老师的兴趣和引导有关系。

(三)大学生社会调查与学校专业关系比较紧密

大学生进行社会调查并不是完全根据自己的兴趣来的,他们还要与自己的专业结合起来。像一些理工或者医学院的学生往往可以把自己的专业特点与社会调查进行紧密结合。尤其是医学类专业的学生,他们的社会调查主题大多与专业方向有关系,譬如一些农村慢性病的治疗状况、传染病的控制,以及老年人的疾病治疗情况等等。这些调查结合了大学生自己的专业知识,操作起来就相对比较方便。专业与大学生的社会调查主题是有一定联系的,在社会调查初期,与自己专业结合进行社会调查会带来很多方便。社会调查的主题建立在自己的专业基础上,可以较为有效地推进社会调查,从而可以获得所研究主题所需的资料。

(四)大学生社会调查研究多为描述性研究

大学生进行的社会调查很少注重背后的解释性研究,大多注重对现状的描述,很少对背后的原因进行阐释。例如,在医患关系的社会调查中,他们通常可以获得较多的描述性资料,包括医院的医疗资源配置、医生对医患关系的看法,以及患者的就诊数量、医药开支等。但是这些都是一般的、较为简单的资料收集,主要还是对现状的描述,并不能揭示背后的相关性。这是大学生做社会调查的一个很大的特点,即侧重于对象的了解,缺少深入的分析。大学生缺乏对事件背后的解释,是因为他们没有能力提出更多问题,这与他们的成长经历与学术训练是有关系的,这需要通过社会调查不断积累经验才可以解决。描述性研究是大学生社会调查走向深化的一个阶段,正是在描述性研究(即对现状的认识)的基础上,大学生才可以继续对问题进行深入分析,提出问题,解决问题。

二、大学生进行社会调查的必要性

(一)社会调查有利于更加专业地认识社会问题

对于刚刚进入大学的大学生而言,他们较少有机会接触宏观的社会调查以及大规模的社会调查等形式,但是大学生又非常有必要学习社会调查的方法。从专业与社会结合的角度来讲,良好的社会调查训练不仅有助于大学生对专业方法的认识,同时也可以让他们理性认识社会现象以及社会事件。目前,笔者所在的是以医学类专业为主的医科学校,其专业有着较为明显的偏重,但笔者发现无论是医学类专业学生还是非医学类专业学生,普遍存在着对社会调查认识较为粗浅甚至根本不熟悉的情况。因此,在医学类院校开展社会调查实验课程,可以帮助学生对当前医患关系以及医学专业有更好认识。

广义来讲,社会调查是对整个宏观社会形势进行研究分析。例如,中国近几年发生的患者家属殴打甚至砍杀医生的事件,这些事件是否表明中国的医患关系已经恶化,医生与患者之间的关系非常紧张呢?从几个案例的发生状况来看,医患关系最近几年确实趋于恶化,但是整体上是否如此呢?医科学校的学生是以一种准医生的心态来培养和训练自己的,这种预期造就了他们在医患事件中的恐慌心态,若他们不去追寻医患关系恶化的真正原因,这势必会对他们的从医心态带来困扰。社会调查可以帮助他们去理解患者的心态,帮助他们避免以后从医过程中的一些矛盾。即使不是医学专业的学生,社会调查仍然是他们通往成熟之路的有益尝试。

医患关系是一个较大的研究课题,这就需要我们从事大规模的社会调查之后才能得出结论。这些宏观社会调查不是我们学生可以立即展开的,而是必须配备一些辅助条件,尤其是需要必要的经费做支撑。但是,大学生可以从自己身边的一些调查开始做起,大的社会调查不可以,我们可以进行小规模的社会调查。例如,对自己所在院校的一些调查、自己周边同学的调查、自己所在家乡的调查,这些调查都可以展开。

因为受到一些医患关系的冲击,很多医学类专业的学生产生了心理困扰,到底他们以后应该何去何从,也造成了他们比较彷徨的心态。基于对医患关系的认识,我们可以对自己的学生进行社会调查,详细了解他们的忧虑情况,他们担心的是什么,他们对医患关系的理解又达到什么程度。这些调查是极有意义的,可以有效帮助他们树立专业认同的信心,同时也有助于他们在今后的行医过程中时刻注意与患者多交流,有利于减少双方之间的误解。

（二）社会调查有利于专业知识的深化和拓宽

总的说来,书本知识是实践经验的概括和总结,实践是理论的基础。高年级学生参加各行各业的社会调查,这可以大大丰富他们的社会知识,对专业学习帮助很大。例如,政治教育系的学生分赴工厂、交通运输等行业进行社会调查,有利于他们对政治经济学社会主义部分相关知识的理解。社会调查可以锻炼学生的独立工作能力。通过社会调查,学生能够学会进行调查研究的方法,培养分析问题、解决问题和独立工作的能力。大面积进行社会调查时,主要是在教师指导下,由各个小组甚至单个学生进行工作。这对培养学生的独立工作能力很有好处。有的学生在开始进行社会调查时,不会开调查会,不会提问题,不会分析资料,不会整理报告。有的学生在开始主持调查会时,缩手缩脚,撒不开、收不拢,很拘谨。经过接触群众,熟悉生活,取得了一些经验之后,他们再主持调查会时,就比较善于提出问题,调查的气氛也比较活泼了,有的学生还能做临场小结。

（三）社会调查是对学生进行形势教育和思想教育的好方法

学生们在接触社会、接触现实中,亲身体会到改革开放以来,我国城乡面貌确实发生了巨大的变化。耳闻目睹的大量事实教育着他们,从而加强了对党的方针、政策的正确认识。在调查过程中,学生们可以和工人、农民、基层干部朝夕相处,加深了解,沟通思想,培养感情。大家感到,我们党的绝大多数基层干部是好的,他们任劳任怨,与群众同甘共苦,广大的工农群众拥护党的政策,为实现全面建成小康社会,实现中华民族复兴的伟大目标充满必胜信心,从而使学生们在思想感情上与他们更接近了。

三、社会调查的基本原则

社会调查应该遵循某些特定的原则,它并不像自然科学研究,用在植物或者动物身上的研究方法不可能随便运用于人类,因为人类还需要秉持着道德要求和伦理原则。

（一）客观性原则

社会调查所要秉持的最主要原则是强调社会调查的客观性,不因为受到自己感情的好恶以及外来社会势力的影响,而对研究对象或者研究成果进行某种扭曲。社会调查的客观性原则,最主要的是指社会调查者的意图能不能做到如马克斯·韦伯所说的价值中立。要做到完全的价值中立是非常困难的,研究者或多或少地会受到自己心态的影响,所以在后现代主义者看来,任何研究都是有价值预设的,只不过这种价值预设是外在的还是隐含的。很多大学生做社会调查可能并没有这种反思意识,他们的很多调查,无论是在问卷设计上还是在资料收集上,会较为明显地突出自己的价值选择。他们会经常理所当然地认为事实就是这样,于是问卷设计时就会出现一些诱导性的问题,访谈或者观察的时候也会寻找证实自己结论的材料。显然,这样做违背了社会调查的客观性原则。要做到社会调查的客观性,首先,要把研究者自己的主观态度悬置起来,不戴着有色眼镜去看问题;其次,是要保持开放的心态,对任何资料都要适当地进行注意,不要有所删减;最后,研究者要时刻进行反思,与其他社会调查者进行必要的沟通交流。

（二）系统性原则

社会调查是对于社会的调查,而社会是一个由各个部分组成的整体,各个部分之间相互关联,某些部分的变动会相应引起其他部分的变动。因此,社会调查必须要坚持用普遍联系整体的观点来看待社会现象,而不是人为地分割社会现象之间的关联,从而不能全面、整体地看到问题的本质。社会调查的系统性原则同样也指社会调查步骤的系统性和计划性,在进行社会调查之前,我们应该对主题以及调研步骤有着明确认识。相应各个阶段所要重点完成的任务是什么,各个阶段我们所要进行研究的内容又是什么,以及相互之间的分工状况又是怎么样的,这些都要求我们系统性地进行梳理。

大学生在进行社会调查时还存在着很多缺陷,因此,实验室内容操作成为研究步骤和问卷设计以及展开思考的最主要集中场域。应该说,大学生早期的社会调查都是比较初步和粗糙的,学生们对社会调查的认识还很肤浅,在老师的指导下学生们应该对自己的研究步骤进行系统的安排,分阶段、分步骤地去实行。

（三）实践性原则

社会调查与其他课堂学习有很大的不同,主要在于社会调查特别强调实践操作能力,要求学生对知识的获得以及问题的答疑都必须通过自己的社会调查去解决。社会调查最主要的特征就是实践操作,为了解决问题,他们需要通过自己动手设计来进行实践调研从而寻求答案,这些都不是在课堂上苦思冥想所能够解决的。

四、当代大学生进行社会调查的意义

（一）社会调查是进行社会改良和社会改造的前提

任何改造社会或者某个农村社区、城市的前提是了解社会,了解社区,只有在了解社会现象的基础上才可以进行改造活动。当然,改造也是有其前提预设的,那就是人们对现有生活状况的不满意。例如,张镜予在追溯社会调查的西方起源时,就提到正是人们对现有状况的不满意,对城市卫生环境的不满意,对劳工阶级待遇的不满意,对学校的不满,等等,才引起了人们要进行社会改造的意图。而社会改造不是凭空而行的,也不是根据意图、想法就可以实施的,所以,从这个角度讲,社会调查是必要的、切实可行的。

(二)社会调查有助于大学生提高社会参与程度

如今虽说大学生早已不是生活在象牙塔中,但相对而言,学业的压力还是使得大学生在成长的过程中既无暇更多地关注学习之外的事情,又受环境、经验、阅历等因素的制约,而使得他们对社会生活的体验、感知、认识存在较大的片面性和局限性。进行社会调查尤其是开展广泛、深入的社会实践活动,可以提高大学生的社会参与程度,进而提高他们的社会能力。

(三)社会调查有助于大学生培养理论思维能力

社会调查的主要目的在于收集充分的第一手资料以解决问题,这是一个自觉的、理性的、指向性非常明确的实践过程。它要求调查者首先在理论分析的基础上,提出相关的假设和研究的主题或观点,这是科学研究的基础性环节,也是构成调查内容的理论基础。因此,大学生在进行社会调查时,必须做好充分的理论准备。一要坚持科学的理论指导,坚持把马克思主义理论的辩证思维和科学发展观作为认识社会、了解社会、参与实践的指导原则。二要多关心时事,关注当前指导社会发展、推动改革开放的各项路线、方针、政策,从全局和整体来分析、认识问题。三要坚持实践的观点,避免主观臆断或者照搬教条而不顾客观规律、客观事实。四要坚持发展的观点,尊重客观实际,在全面掌握材料的基础上形成正确的观点和认识。社会调查的这些要求,无疑对培养大学生的理论思维能力起到了重要的推动作用。

(四)社会调查有助于大学生增强认识、分析、解决社会实际问题的能力

社会调查是一个系统收集资料、给予要探究问题和领域提供有意义信息的过程。从广义上讲,凡满足探究社会问题需要的收集资料、信息的过程,都属于社会调查的范畴,它既包括文献调查,又包括社会观察等。从狭义上讲,社会调查则主要指研究者到社会现场收集资料、信息的过程。

(五)社会调查有助于大学生提高组织合作能力

当今社会,面对日益全球化的竞争格局,仅靠个人有限的才能和精力已难以有重大创新,而团结合作则可以发挥集体的优势,形成群体才智的叠加效益。但当前我国大学生的组织合作能力不容乐观。北京大学高教研究所

陈向明副教授率课题组调查了用人单位对大学生素质的要求,该调查显示,很多单位都明确希望大学毕业生具有与人合作的精神。用人单位之所以强调团队精神,是因为他们认为现在很多大学生缺乏这种能力。当代大学生的独立意识比老一辈强,但由于父母过度的关心和爱护,形成了他们以自我为中心,崇尚自我奋斗,不会主动与别人合作,喜欢"独来独往"、"我行我素"的性格弱点。针对这一问题,在组织对烟台旅游业发展状况进行调查时,我们有意识地将8个授课班级的同学分成了50多个调查组,采用普查法对烟台市旅游局及各旅行社进行了全面调查,要求每个小组调查一个单位,既不能重复调查,又不能有任何遗漏。在小组成员的组合上,是以性别、表达能力、交际能力、组织能力、速记能力等因素相结合为原则,每个成员在小组内各执所长,可独当一面,但彼此又须紧密配合,任何一个成员的工作出了差错,都将影响调查的质量。

(六)社会调查有助于提高大学生的交际表达能力

当今社会,人与人之间的联系越来越密切,交往越来越频繁、广泛、深入和复杂,因而人的交往能力显得格外重要。美国一大学对 284 名被试者分析后发现,"智慧"、"专门技术"、"经验"只占人成功因素的 15%,其余 85% 取决于人的良好的人际关系。可见,能否正确处理人际关系决定一个人是否成功。但是,当代大学生的人际关系处理能力却是不能令人满意的。人际关系协调能力和社会活动能力的缺乏,无疑会限制大学生对社会的认知深度和认知速度,不利于创造成功的外部环境,也不利于自身的成长。在校园内,人际交往的弱点并未引起大学生的足够重视,一旦接触社会,绝大多数同学就会发现自己在表达、交际方面的弱点,诸如面对陌生人不知如何开口,或由于紧张乱了调查计划,或谈话直来直去,不考虑听话者的心理接受能力等。交往表达能力是人类实践的结晶,这是任何教科书上都学不到的。仅凭一两次文化教育不可能全面提高大学生的交际表达能力,但亲自参与社会调查的全过程,无疑会对他们的表达能力、交往技巧等有所帮助和提高,并且有助于大学生回校后充分利用一切机会锻炼自己。

第三节 社会调查中的质性研究与量性研究

社会调查有两种研究路径,一种是质性研究,一种则是量性研究。在社会调查的研究中,我们会经常遇到质性研究与量性研究的争论,这两者均有其特定的研究路径和方法。

一、量的研究内涵与特征

量的研究（quantitative research），又被称为定量分析、定量研究等。有关量的研究的界定，学术界的意见并不统一，有的按照方法来界定，有的按照数据来进行界定。陈向明认为，量的研究是一种对事物可以量化的部分进行测量和分析，以检验研究者自己关于该事物的某些理论假设的研究方法。黎荷芳则认为，量的研究在方法论层面是一种思维方式和研究范式，强调从经验事实出发，对研究对象进行变量分解，通过变量分析达到对事物的认识，以事实来证实理论假设；而操作层面的方法具有具体的操作程序和规范。质的研究，英文为 qualitative research，又称为质化研究、质性研究等。质的研究中的"质"，汉语解释为"性质、本质"之意。陈向明认为，质的研究是以研究者本人作为研究工具，在自然情境下采用访谈、观察、实物分析等多种收集资料的方法，对自然发生的事件中各种行为的变化、发展进行描述和归纳，通过与研究对象的互动理解其行为和意义的一种活动。

定量研究遵循的是实证主义的方法。19 世纪法国古典社会学大师孔德创立实证主义哲学体系，他指出"人类进化已进入实证时期，建立理性和科学性的确切知识是此时期的特点"，而只有以"观察、实验获得的经验性知识才是真正的科学知识"。定量研究遵循实证主义的方法，而"实证主义"即以经验的确切资料为科学基础的哲学系统，实证主义的社会研究，实际上是将自然科学的研究方法运用在社会研究上。透过经验与观察的科学方法，掌握心智世界的规律，从而充分理解人的心智与行为之间的关系，这就是定量研究的基本理念与精神。

定量研究在具体运用中特别强调操作化、概括化及客观性。要求在研究过程中不掺杂价值观念问题，要保持价值中立，它依靠的是统计、测量和对变量因果关系的分析，是客观、正式、系统的研究过程。定量研究强调研究情境是预先严格控制的实验情境，要排除先入为主的判断或价值取向；多应用自然科学的方法和程序去对所收集的材料进行精确的统计分析，用数字来阐释和证明假设；强调价值中立，重结果而不重过程的目的在于探讨社会现象中存在的因果关系；多用演绎的方法，先提出假设并指出可能出现的结果，再用演绎法对假设理论进行检测。定量研究的本质及原则决定了定量研究方法必然存在一定的局限性，主要表现为：①定量研究要求研究者与研究对象分离，忽视了人的主体性；②强调将研究对象分解，忽视了研究对象的整体性；③强调形式，忽视内容，常常使研究不能深入实质而流于形式。"定量研究"

是一种对事物可以定量的部分进行测量和分析,以检验研究者自己有关理论假设的研究方法。作为一种成熟的方法,其具有一套完备的操作技术,包括抽样方法(如随机抽样、分层抽样、系统抽样、整群抽样)、资料收集方法(如问卷法、实验法)、数字统计方法(如描述性统计、推断性统计)等,正是通过这种测量、计算和分析,以求达到对事物"本质"的把握。

二、质的研究及其内涵

质的研究也称质性研究,是以研究者本人作为研究工具,在自然情景下,采用多种资料收集方法,对研究现象进行深入的整体性探究,从原始资料中形成结论和理论,通过与研究对象互动,对其行为和意义建构获得解释性理解的一种活动。简单地说,它是一种在自然的条件下对研究对象进行深入细致考察的研究范式。其主旨是掌握并设法理解当事人对事件的主观意义及建构,为把握个人的主观意义及经验,就需要展现、了解并理解当事人生活的背景。从这个意义来讲,质性研究也可以称为脉络、描述或解释性研究。

质性研究主要是基于现象学、阐释学和后现代主义等哲学流派之上,其中最重要的是阐释学。质性研究包括人种学方法、人类学方法、民族志、自然主义方法、现象学方法等,以及这些方法中所包括的各种具体策略。质性研究强调主体性在认知过程中的重要性,并企图在方法、语言及真理之间的辩证关系中,把握更真且更人文的真理。质性研究因强调被研究者的观点及整体主义的研究思路,因而多采取开放而富有弹性的研究策略,将研究过程中发现问题、收集资料、分析等环节进行交叉循环。在研究的具体方法上,质性研究特别强调描述的方法和归纳的方法。

质性研究是通过研究者和被研究者之间的互动,对事物(研究对象)进行长期深入细致的体验,然后对事物的质有一个比较整体性的、解释性的理解。其主要特点表现在:①自然主义的探究传统;②对意义的解释性理解;③研究是一个不断演化的过程;④从原始资料中产生结论和理论;⑤强调研究的深入和整体性;⑥重视研究关系。质性研究注重从深入研究的自然情景中,去获得研究对象的第一手资料;用描述的方法,用文字或者图片来呈现自己的观点;强调事实与价值的不可分,重过程而不重视结果,关注对研究对象的资料、阶段、要素等方面的考察,而结果往往是可以随着研究的展开逐渐形成或改变的;质性研究运用归纳分析的方法。在收集尽可能多的材料的基础上形成自己的观点,所以质性研究的结论,被称为"扎根理论",是深深根植于研究资料之中的。质性研究更加强调研究的过程性、情境性和具体性。

在这里对量的研究与质的研究进行再阐释,主要是基于大学生社会调查中经常会被这些问题困扰。本教材对两者的区别主要在哲学基础、研究方式以及资料收集与处理上,在资料收集方面强调质的研究,即希望通过理解的方式最大程度上获取真实性资料,但是不排除一些定量研究的思路,即运用问卷法等形式获取资料,并在研究资料的分析上运用一些统计分析软件与工具。

第四节 社会调查的历史概要

社会调查的意义不言而喻,任何对知识抱有认真态度之人,必然会极其重视社会调查。自民国时期社会调查的方法与体系传入中国,中国学人就开始灌输学生社会调查的理念,并本着对大学生与中国社会负责任的态度,要求大学生亲自参与到社会问题的调查过程中,从而涌现了一大批大学生社会调查的成果,这也成为中国社会调查史的重要组成部分。

早在民国时期,因为自然灾害频繁,再加上军阀混战,社会问题和社会矛盾严重,为社会调查提供了丰富的选题。也正是因为社会问题不断,社会矛盾上升,导致很多人从了解中国的角度进行社会调查,其中也包括外来传教士和外籍教师。早期中国高校进行的社会调查一般采用西方的社会调查模式,并在教师的指导下进行。从地域上看,当时所展开的社会调查,既有城市调查,又包括农村调查;从选题范围上看,既有专项调查,又包括社会概况调查。早期中国高校社会学学生所展开的城市调查,有资料可查的有:1917年,清华大学教授狄特莫指导该校学生在北京西郊调查 195 户居民的生活费用,这些城市家庭包括了汉人家庭 100 户、满人家庭 95 户,职业包括工人、农民、车夫、军人、木匠、理发匠及少量学人等。1918—1919 年,燕京大学社会学系教授步济时和传教士甘博等仿照美国茹素斯基金会所组织的春天调查,调查了北京社会状况,涉及历史、地理、政府、人口、健康、经济、娱乐、娼妓、贫民、救济、宗教等项目。其调查结果以"北京:一种社会调查"为题于 1921 年在美国出版。1924 年,原齐鲁大学社会学系学生在中外教师的带领下对济南社会概况进行了调查,包括该市的历史、地理、人口、行政管理、公共事业、地方财政、劳教制度、娱乐活动、娼妓、工业状况、生活水准、住宅、慈善事业、教育体制、文化和教育机构、宗教机构、妇女动向、家庭状况、基督教活动等方面,内容可谓相当全面、丰富。其调查结果以"济南社会一瞥"为题于该年用英文发表。这是比较著名的地方性社会调查。事实上,我们可以看到大多数的近代社会调查主要来自上海、北京等地,这两个大城市之外的社会调查比较少。

民国时期的城市社会调查,不论是专题调查,还是概况性的综合调查,限于各种条件,大多是于某一城市进行的,但也有少量专题调查于多个城市进行,这对于学生了解某一问题在中国的普遍表现是很有帮助的。比较著名的有燕京大学教师严景耀指导学生进行的犯罪调查。严先生于 20 世纪 20 年代末就该问题带领多个学生调查了 20 多个城市,并撰写了《中国监狱问题》等专著。

当时配合社会学教育而开展的农村调查,与城市调查大体同步,数量较多。最早的是沪江大学社会学教授葛学溥指导学生所做的凤凰村调查,凤凰村是广东潮州的一个行政村,有 650 人。该项调查是一项综合性的概况调查,涉及该村的地势、人口、卫生、种族、经济、风俗、社团、教育、美术、娱乐、宗教等方面,其成果于美国出版,书名为 *Country Life in South China*,即《华南农村生活》。1922 年,原金陵大学教授卜凯指导学生在安徽芜湖附近调查了 102 个农场的情况,该调查注重田主及佃户的全年收入和支出。1923 年,卜凯又指导学生在直隶盐山县调查 105 个农场的经济和社会状况,此次调查使用的调查表比较详细。以上调查结果于 1930 年用英文出版,书名为"中国农场经济"。1923 年,外籍教授白克令指导原沪江大学社会调查班的学生调查了上海附近的一个名为沈家行的村子。内容涉及家庭、宗教生活、地方行政与惩罚制度、教育、农工商业、健康与公共卫生、娱乐、居住等。其调查结果由张镜予主编、多人合作于 1924 年由商务印书馆出版,书名为"沈家行实况",该书比较全面地反映了这个仅 360 户人家的小村的状况。此外,燕京大学社会学系增设社会调查方法课程,请当时在中华教育文化基金董事会社会调查部主持工作的李景汉先生讲授。李先生于讲授一般原理的同时,指导全班学生对附近的黑山扈村进行了调查,此次共调查了 21 户。1927 年 3—6 月,李先生又指导学生对附近的挂甲屯等 3 个农村共 145 个家庭进行了调查,并指派研究生对上一年黑山扈村每个家庭的调查结果进行复查。当时参加调查的学生比较著名的有严景耀、张世文等人。该调查向每个家庭所发放的问题约 100 个。这次调查所涉及的内容相当全面、具体,其结果由李景汉写成《北平郊外之乡村家庭》,于 1929 年由商务印书馆出版。李先生结合教学指导学生进行这样较大规模的、延续时间较长的、内容全面、深入的调查,在当时是不多见的。

当时结合教学进行的农村调查实习活动还有很多,比较著名的是在抗日战争发生后,陈达、李景汉主持与指导的,西南联大社会学系学生参加的昆明市和呈贡、普宁等四县的户籍调查。该调查是当时国内范围最大的采用现代调查统计方法进行的户籍调查,内容包括户口普查、户籍登记、人事登记等方面。

值得注意的是,自 20 世纪 20 年代后期开始,在一些社会学家的积极倡导、组织与实施下成立的一些农村建设试验区,不仅成为这些社会学家改良农村经济社会状况的试验基地,同时亦为社会学教学提供了重要的调查实习基地。这类基地比较著名的有 1930 年成立的北平郊外清河试验区,该区以清河镇为中心,包括附近的宛平、昌平及市郊的 40 个村,面积 200 多平方公里,人口 25000 多。原燕京大学社会学系主任许仕廉及农村社会学家杨开道等教授指导该系学生对该镇人口动态、家庭、集市、村镇组织等进行调查,调查结果由许仕廉写成《清河镇社会调查》,1930 年用英文出版,书名为 *Chingho:A Sociological Analysis*。

需要提及的是,中国共产党人也是社会调查运动中最为一个重要的力量。俄国十月革命胜利之后,马列主义传入中国,中国的知识分子开始受到马克思主义的影响,运用马克思的科学社会主义理论分析中国现实社会。而对后来革命影响较大的则是毛泽东同志所做的一系列关于农村的调查报告,毛泽东本人也在自己的经验调查基础之上总结了调查的方法论,例如没有调查就没有发言权,实事求是,走群众路线,以及解剖麻雀、典型调查等方法。毛泽东也通过实地调查撰写了《中国社会各阶级的分析》、《湖南农民运动考察报告》、《寻乌调查》、《长冈乡调查》等调查报告。

早期中国高校社会学教育教学在讲授社会学基本原理与方法的同时,结合当时的中国社会现实开展的大量社会调查与教学实习活动,拓宽了教师的科研领域,丰富了教师的教学内容;同时加深了学生对中国社会的认识,增长了学识与才干。当然,早期大学生社会调查的目的具有改造中国的意义,近代中国积贫积弱,在众多方面落后于西方国家。到底这些落后的方面应如何进行改造,如何发挥积极的一面,需要我们重新认识中国社会。因此,在民国时期其实有一个重新认识社会的运动,共产党人运用马列主义科学地分析了中国社会的性质,也有大批学者进入底层、农村与城市社区,试图去发现中国社会的问题,从而改变中国落后的面貌。

第五节 社会调查的一般程序

社会调查是依据一定的程序,运用特定的方法,收集和分析有关社会事实材料,并对其做出正确的描述和解释的过程。具体的调查过程是非常多样化的,调查的手段也千差万别,但是如果进行一般意义上的归类,我们可以大体上把社会调查划分为四个阶段,即准备与设计阶段、调查与收集资料阶段、分析与研究阶段、撰写调查报告与总结阶段。也有人把社会调查的程序简化为几个步骤,包括选题阶段、准备阶段、调查阶段、研究阶段和总结阶段。在本书中,我们重点强调实验室的主题确定和设计阶段,至于一般性的社会调查和收集资料阶段则在具体资料收集方法上再阐述。

一、准备与设计阶段

准备阶段是整个社会调查的起始阶段,准备工作的好坏直接影响整个调查的效果,因此,社会调查必须认真做好准备工作。准备阶段主要的几项任务包括:确定调查任务、设计调查方案、组织调查队伍。

确定调查任务包括了选择调查课题,选择社会调查课题是整个社会调查的起点,课题选择得如何,对社会调查的质量有着极大的影响。课题不仅决定着调查研究的内容和方向,同时也体现着社会调查的层次和水平。如果课题选择不当,既可能使整个调查工作失去意义,也可能使得调查工作难以进行。在有些情况中,社会调查的质量较差,是因为课题本身不恰当。对社会调查来说,好选题是成功的一半。选题是否合适,一定程度上决定着整个调查研究工作的成败,决定着调查研究成果的好坏优劣。

(一)社会调查课题选择的标准

1. 重要性

选择社会调查课题必须要从社会实际出发,应当针对当前社会发展过程中比较紧迫性的问题。对于这一点,前文也有所强调,即大学生社会调查要与时政紧密联系。近年来,许多社会调查都是围绕着时政性的话题展开的,例如在中日关系紧张的时候,调查年轻人对中日关系的看法,以及年轻人对日本国家的认同等。其他的诸如医疗改革、药价虚高、留守子女教育等,这些选题有着鲜明的紧迫性。同时,大学生社会调查也要有前瞻性,对那些具有潜在价值的理论课题要进行挖掘,深入进行剖析。

2. 独创性

选题切忌简单地模仿和重复,大多数的社会调查课题其实都是简单的模仿和简单的重复劳动,其得出来的一些结论并没有多大意义。选题的独创性不仅是指研究对象的独创性,有可能发现了别人容易忽视的群体,例如对农民留守子女或者某类疾病群体的社会调查;还可以是指视角的独创性,例如在医患关系调查中,很多人都去调查医患群体,换一个角度,我们可以以诊疗室为对象,这就可以重新认识医患关系。

3. 可行性

所选择的课题一定是学生可以着手可行的,太过于宏大以及经费过高的课题并不适宜学生,否则研究就可能流于空泛。课题的选择应该根据学生的主客观条件来确定,有些学生选择课题纯粹出于兴趣,这样的课题一定要选择对象比较贴切、经费较少的。具备可行性的课题可以从以下几个方面去寻找:第一,从现实社会生活中寻找;第二,从个人特定的生活经历着手;第三,从文献中入手。

总之,选题不可不适当,好的选题一定是经过大量的观察与思考形成的,大学生选择调查课题方向时,可以向指导教师进行咨询,听取老师的建议。

调查选题确定之后,还要围绕着选题进行一些初步的探索。首先,确定研究假设。初步探索的主要任务是正确选择调查研究的起点和重点,弄清他人对此课题已经做过哪些调查研究,收集了哪些资料,解决了哪些问题,探索的成果是形成解决问题的研究假设。研究假设是课题研究的必要前提,有了假设才可以对课题进行提炼,才可以针对主题进行验证。其次,确定社会调查的指标、方法和实施的具体步骤。对于社会调查而言,对社会变量进行指标化是非常重要的,采用哪些指标,采用哪些调查方法,一定要经过调查小组和指导教师之间的讨论后才能确定。

(二)设计调查研究方案

在考虑研究方式、方法时,需要明确或做出选择的包括下面几个要件:

(1)研究类型:探索性调查研究、描述性调查研究和解释性调查研究。

(2)研究序列:横切研究、纵贯研究和横纵结合研究。

(3)分析单位:调查对象是什么,这是调查研究中非常重要的内容,是以家庭为单位,还是以个人单位,或是以社区为单位,研究单位一定要确定,否则就要犯错误。

(4)研究对象的范围、抽样方法和样本的大小:研究对象的范围和抽样方法的确定,关系到研究成果的普遍意义、代表性及误差大小问题。研究者总是希望研究成果有较大的普遍意义,但是因为主客观条件的限制,往往需要对研究对象进行限制。

(5)课题的操作化,也就是概念如何操作化的问题。社会科学研究中大多数的概念都是抽象名词,这些抽象名词必须要进行操作化。例如,我们在说"关系"的时候,这是个抽象名词,我们需要将之具体化。什么是关系好呢?见面次数比较多,谈话的时间比较长,经常一起参加一些活动,经常相互往来,等等,我们通过这些操作化方式对"关系"进行衡量。

简单地说,课题的操作化过程就是通过抽象定义和操作定义一步步从抽象层次下降到具体的经验层次,使较为抽象的概念与可观测的具体现象对应起来,使之转换为变量形式,选择调查指标来加以衡量。

(6)完成课题的操作化之后,就要制订社会调查方案。调查方案的内容包括了调查的时间、调查的地点、调查的对象、调查经费的预算,以及调查的意义、目标等,调查研究的整个过程是非常耗费精力和时间的。在这过程中,需要制订社会调查计划。社会调查计划包括完整的计划阶段和计划方法。总之,在开始社会调查之前,务必要有一个翔实的社会调查方案,才可以对社会调查进行阶段性操作。

二、调查与收集资料阶段

调查与收集资料的方法包括了问卷法、观察法、实验法,通过这些社会调查方法获得研究主题下的资料,进行归纳和总结。这一阶段,在后面的章节中,我们会进行详细的介绍。这部分的主要工作是进入调查地区或单位,正式实施社会调查和收集资料。

三、分析与研究阶段

资料的分析包括了定量分析和定性分析两种方式,在收集材料的基础上,可以对这些材料进行分析。例如对访谈笔记的定性化分析,可以建立一整套编码体系,然后再进行分析。在对访谈资料的整理分析中,陈向明指出资料分析存在着两种模式:一种是线性模式,该模式认为资料分析可以被看作是一个阶梯,自下而上不断地对资料进行抽象;另一种是互动模式,该模式认为资料分析更像是一个圆圈,圈中各个部分相互关联、循环往返。这两种思路主要适用于质性材料分析,但是我们更多的资料主要是运用统计学的原理和方法进行数量关系的研究分析。

社会统计有两种形式,即描述性统计和推论统计。描述性统计,是依据样本资料计算样本的统计值,找出这些数据的分布特征,计算出一些有代表性的数据。推论统计,是利用收集到的数据信息,对全体的情形加以判断,以样本的统计值推论总体的参数值,包括区间假设、假设检验等。

四、撰写调查报告与总结阶段

在对社会现象进行调查和研究后,最终需要撰写一份较为翔实的调查报告,以总结这次的社会调查之旅。调查报告可以说是整个社会调查的集中体现,也是调查工作最重要的总结。调查报告通常包括:研究目的和研究意义、研究设计与思路、调查的具体内容(包括数据分析和问题阐释)、调查结果的探讨以及调查的不足和反思。

☞ **实验思考题**

    1. 社会调查包括哪些基本内涵?

    2. 大学生进行社会调查存在哪些有利与不利的因素?

    3. 大学生为什么要进行社会调查,有何意义?

    4. 简要概述一下社会调查的基本历史发展过程。

    5. 请结合实际,谈谈进行社会调查的必要性。

第二章

选题与文献研究

☞ **实验教学目的**

1. 确定选题范围。
2. 提出合适的研究问题。
3. 学会查找文献。
4. 通过对文献的分析进一步修正研究问题。
5. 初步了解学生科研课题申请书的撰写。

☞ **实验教学内容**

1. 调查研究的第一步是找到研究的主题,明确研究问题。

2. 收集、阅读、归纳和分析现有的文献可以让我们的研究吸收前人的经验教训,站在巨人的肩膀上。

3. 大学期间学生有很多参与科研的机会,积极参与有助于学生的成长成才。

第一节 确定研究主题和问题

爱因斯坦曾说:"提出一个问题往往比解决一个问题更重要,因为解决一个问题也许只是一个数学上或实验上的技能而已。而提出新的问题、新的可能性,从新的角度去看旧问题,却需要有创造性的想象力,而且标志着科学技术的真正进步。"提出问题—分析问题—解决问题—反思归纳,这是人类处理事务的通用流程,意识到问题的存在是迈出去的第一步,提出一个新鲜、深刻的问题,对认识的发展和社会的进步都具有重大意义。

社会调查的重要目的之一就是为了回答某个问题,因此,在回答问题之间,我们必须首先确定问题是什么,才有可能找到问题的答案。初学者容易对调查研究有一种错误认识,以为只要去调查,就能收集到有价值的信息。但是任何资料的收集工作都是服从于特定的目的、围绕着特定的问题的。如果没有明确的研究问题来作为指导纲领,那么收集资料时就会出现偏差。一是不知道收集哪方面的资料,面对大千世界不知到底要观察什么;二是什么都想看,什么都想听,结果是资料不少,但是眉毛胡子一把抓,观察流于表面,得不出深入的结论。假设一个人要去调查一下某个池塘里的蛤蟆,他找了一个很多蛤蟆的池塘,在池塘边上辛苦埋伏了好多天,观察了蛤蟆的生活,然后回来写了一篇调查报告,得出"一个蛤蟆一张嘴,两只眼睛四条腿"的结论。不带着问题去调查,就会浪费时间和金钱,得不出有意义的结果。

要提出调查研究问题,首先要确定调查研究的主题,也就是调查的对象和研究的范围,譬如城市职工生活状况、大学生数码消费问题、流浪儿童乞讨问题、农村育龄妇女生育问题、外来务工人员子女上学问题等等。

一、选题的来源

选题来自于哪里?确定选题的方法和途径非常丰富,一般来说,我们可以归纳为以下几个来源。

(一)现实生活

社会生活是丰富多彩的,也是复杂多变的,其中蕴含着很多我们还不清楚答案的问题和亟待解决的矛盾。性别、阶层、年龄、文化、家庭、教育、环境、政策、健康、科技等方面的现实议题都是调查选题的富矿。

案例 2-1 从 20 世纪 80 年代的假表、假电器、假烟、假鞋,到现在的假棉被、假米、假药、假针筒等,假货不仅没有随着一轮轮的"打假"迅速得到遏制,反而愈演愈烈,许多严重危及生命安全的假货也在市场上时有出现,造成多起重大事故(如山西汾酒事件、江苏假饼干事件等)。不仅如此,影响更为深远的是,现在的造假已经不仅仅局限于产品市场。在资本市场上,大量的上市公司有组织的报表造假早已不是新闻;在劳动力市场上,假合同、假雇用、欺诈勒索等行为也层出不穷;在建筑市场上,"豆腐渣"工程比比皆是;在政府部门,大范围和大规模的数据造假已成为标准的官场文化;在教育界,假学历、假文凭已泛滥成灾;在学术界,论文抄袭事件时有发生。这一切都是社会缺乏信任与信誉的表现和结果。这种低信任对社会和经济的损害是显然的,它使得交易成本急剧增加,社会分工受到阻碍,并将长期影响一个地区的经济发展。

鉴于此,不少学者开始讨论市场经济的道德基础问题,认为一个运行良好的市场秩序需要某种道德支撑。那么这个道德支撑到底是什么?经济学家倾向于认为,所谓市场经济的道德基础最重要的是信誉或信任(张维迎,2001)。

……华人社会或者中国人被认为是最缺乏信任的群体之一。被经常提及的证据就是华人社会的企业普遍规模小,几乎所有的民营企业都由家族经营,而且他们之间的交易也带有或多或少的人格化色彩;甚至在政治领域,裙带资本主义也不少见。这些现象在市场体系发育较为完善的我国台湾、香港地区和新加坡以及在以欧洲、美国为宗主国的华侨群体里也许并没有成为经济发展的最大障碍,在我国大陆问题则要严重得多,在这里,如此普遍和严重的低信任已经不仅仅是效率的高低问题,而是从根本上威胁市场和交易的存在。为什么人们如此不讲究信誉?怎样才能建立起普遍的信任和信誉?仅仅将大陆市场秩序的混乱看作是华人社会低信任的又一个证据似乎是不够的。本文利用中国的跨省调查数据,通过解释不同省份之间信任度差异的来源来解释中国人的信任机制,这在一定程度上回答了为何中国是低信任的,以及用来回应国际上流行的有关信任和经济绩效、信任和信息流等关系的研究。

资料来源:张维迎,柯荣住.信任及其解释:来自中国的跨省调查分析[J].经济研究,2002(10):59-70,96.

(二)个人兴趣或生活经历

个体经过社会化以后,从生理意义上的人变成社会意义上的人。由于个体的先天因素和后天经历不一样,每个人的价值观和兴趣爱好也不一样,这就导致了我们看待世界的方式和关注的问题也是不同的。美国社会学家贝利在《现代社会研究方法》中说:"社会研究人员往往选择他们感到同自己生活特别有关的研究课题。"我们在经历社会生活的时候,培养自己的观察能力和思考能力,多提几个为什么,可以发现很多生活中别人尚未注意到的有趣现象和研究选题。

案例2-2　比如,一对中年夫妇离婚了,一个完整的家庭破碎了。对于与之关系不密切的一般人来说,他们可能会无动于衷,或者只是作为一种闲聊的话题。因为现实社会生活中这种事情、这种现象并不稀奇。"城外的人想打进去,城里的人想逃出来"嘛。但是,如果这件事发生在一个社会学研究人员的周围环境中,比如说他的邻居,或他的好朋友,或他的姐姐、姐夫离婚了,他也许会从另一个角度来看待这种现象。他也许会从身边发生的具体现象入手,去问一些"如何"、"怎么样"或"为什么"的问题。比如,"当前社会中的哪些人最容易产生离婚的行为?""为什么城市中年知识分子离婚的比较多?""有哪些主要的原因会导致人们选择离婚?""中年人离婚所带来的主要后果是什么?"等等,从而导致他选择一项"城市中年知识分子离婚的特点、原因和后果研究"的研究问题。

资料来源:风笑天.社会学研究方法[M].北京:中国人民大学出版社,2013:43.

（三）相关的文献

前人已经完成的学术著作和媒体报道也可以启发我们的研究灵感。现有的调查研究是过去或当前学术界关心的领域,他们选择这个选题经过了一定的思考和论证,我们可以根据前人的思考方向挖掘现有选题的潜力,看看他们的研究理由是否还存在,研究问题是否已经解决,如果没有解决,还可以从哪些方面入手。除了学术著作之外,大众传播媒体的新闻报道也可以提供调查选题。媒体的一项重要职责是承担监测环境的"瞭望哨",通过各种渠道及时、准确地向大众传达涉及公众利益和国家利益的重大事件。因此,我们可以从大众传媒获得很多当前大家关心的、重要的、值得研究的调查选题。

案例 2-3 自杀是一个全球性的社会问题,全球每年约有 120 万人死于自杀(联合国政策协调和可持续发展署,2002),即每 26.3 秒地球上就有一个人死于自杀。此外,有自杀意念与企图者约占全球人口的 10%。我国每年有28.7 万人自杀死亡,200 万人自杀未遂。"每发生 1 例自杀死亡或自杀未遂,至少会有 5 个和他密切相关的亲人、朋友、同事或照顾者因此遭受严重的心理创伤,这种心理创伤有时会持续很多年甚至后半生……因此,自杀行为已成为我国一个极其重要的公共卫生问题,影响国家的经济和社会发展"(李献云,2007:143)。媒体对于自杀的再现与现实生活中的自杀行为之间存在着复杂的联系。德国文学家歌德 1774 年创作并发表《少年维特之烦恼》,作品的主人公维特为情开枪自杀。小说出版后,欧洲许多青年男子仿效维特的方法结束生命,因此该小说当时被许多国家查禁。后来的媒介研究者将模仿媒介产品或报道的自杀行为称为"维特效应"。

20 世纪 70 年代,美国社会学家格伦·斯帕克斯(2004:324)研究发现,报纸与电视上的自杀新闻报道量与随之而来的自杀数量成正比;自杀报道的传阅率越高影响力越大,其诱发的自杀率也就会越高、越严重。在电视报道自杀案例后,自杀数量在 10 天内逐渐攀升,如果自杀者是名人,且在多家电视台、多个频道或栏目相继报道,其负面影响及诱导效应尤为明显。大众媒体对于社会公众人物尤其是演艺界明星自杀的报道,所引发的负面影响不可忽视。1962 年,美国电影明星玛丽莲·梦露自杀当月,美国增加了 303 个自杀案例,同比增加 12％。1986 年 4 月 8 日,日本歌星冈田由希子跳楼自杀的新闻被媒体大肆渲染后,两周内有 20 多名青少年自杀。

资料来源:沈正赋,许逸.网络自杀新闻报道及其影响因子研究[J].青年研究,2010(5):64.

二、判断选题的价值

不是所有的选题都具有同样的价值,社会问题是无限的,但我们的时间和精力是有限的,因此在投入一个调查研究之前,我们必须审慎地权衡选题的价值。通常我们会从以下几个原则去考虑这个问题。

（一）重要性原则

在调查之前,我们要思考这些问题:为什么要做这个调查? 这个调查有什么用处? 有多大的用处? 能帮助我们更好地认识社会或者解决某个具体问题吗? 所谓的重要性即社会调查的意义所在,可以分为理论价值和实践价值。理论价值是指你的研究能够增加人类对社会规律的认知或者对社会现象的解释,能够回答"是什么"、"为什么"的问题。实践价值是指能够改善社会运行的方式,增进某个群体的福祉。

（二）创新性原则

有人说,第一个把女人夸作花的是天才,第二个是庸才,第三个是蠢材。创新性原则是指我们的调查研究与其他研究不一样的地方,如果只是重复别人的研究,调查的价值就比较小,不能积累人类的总知识库。做社会调查需要创新,创新可以体现在调查的对象、调查的方法、调查的内容、依据的理论等某一个方面或几个方面与其他研究的区别。

案例 2－4 一个对青年人的婚姻家庭问题感兴趣的研究者,在他看到前人做过"大城市青年结婚消费问题研究"的问题后,选择做一项"中小城市青年结婚消费问题研究"的问题,或者选择做一项"农村青年结婚消费问题研究"的问题,这就在研究的对象上有了创新性;如果他选择做一项"大城市青年结婚仪式选择研究"的问题,或者"大城市青年择偶标准研究"的问题,这就在研究的内容上有了创新性。如果前人的问题所研究的是某一特定时期的现象或问题,比如"80 年代青年人的生育观念研究",那么,我们可以选择同一主题、同一内容、同一对象,但不同时期的这一现象或问题进行研究,即可以选择"90 年代青年人的生育观念研究"。当然,选择问题时的这种"与众不同"要有明确的目的,要根据理论上或实践上的价值和需要,而不能单纯地为不同而不同。

资料来源:风笑天.社会学研究方法[M].北京:中国人民大学出版社,2013:48.

(三)可行性原则

调查选题的可行性是指能顺利完成调查任务,成功的可能性有多大。它包括理论上的可行性、客观条件上的可行性、主观能力上的可行性。理论上的可行性是指在理论上,研究方法是可以得出结论的。例如,我们可以调查人们对转基因食品的态度,但是要得出转基因食品是否安全的结论,就不能使用调查方法,只能通过实验来论证。客观条件上的可行性是指研究经费、研究时间是否充足,第一手资料能否获得,调查现场能否顺利进入,调查对象是否配合等。主观能力上的可行性是指调查选题是否符合研究人员的个人特点,比如是否有足够的知识储备、充分的研究热情等。

三、确定调查的问题

调查主题是一个较大范围的研究领域,有时候甚至是一大类社会现象或者社会问题。例如"农民工媒介使用与社会化"、"医患沟通的质量与就医满意度调查"、"大学生性观念调查"、"医护人员职业倦怠问题研究"等等,就只是研究的主题,它给我们提供了调查研究的领域。我们还需要从头脑中含糊的、笼统的、宽泛的研究范围里进一步明确研究问题,变成特定领域中的特定现象或者特定问题。

研究问题的明确化首先可以缩小研究的视野,我们一般从调查内容、调查对象、调查地域这几方面着手。譬如"流动人口健康素养调查",在调查内容上可以缩小为"肺结核防治知识调查",在调查对象上我们还可以把"流动人口"缩小为"流动女工"、"建筑工人"、"育龄期流动妇女"等等,在地域范围上我们可以根据研究能力和资金支持缩小为"温州地区"、"××县"等。假设你想了解现在大学生在课外之余参加各种"考证"的看法,以发现是否存在"盲目考证"的情况。如果我们最开始的调查选题是"大学生考证调查",那么我们可以缩小为"××地区高校文科学生考证动机调查"。

第二节 文献检索和文献分析

牛顿曾经说过:"如果说我看得比别人更远些,那是因为我站在巨人的肩膀上。"做任何研究之前,都需要收集现有的研究成果,阅读、归纳整理、分析鉴别研究问题的相关文献,把握现有研究的不足之处,了解最新的发展趋势。

一、文献调研的意义

文献调研是学术创新的基础,对调查研究来说也是至关重要的环节,具有不可替代的作用和意义,任何课题开始之前都必须全面、系统、准确地掌握本领域的相关信息。据美国科学基金委员会的统计,一个科研人员用在一个科研项目中研究图书情报资料上的时间,占全部科研时间的1/3~1/2,如表2-1所示,其重要性可见一斑。

表2-1 社会科学和理工科学各项研究活动的时间比例 单位:%

	情报收集与信息加工	科学思维与科学实验	选定课题	学术观点的形成
社会科学	7.7	52.9	32.1	7.3
理工科学	7.7	32.2	52.8	7.3

(一)避免重复劳动

任何学科发展到现在,完全没有人涉足的"处女地"几乎没有。当我们有一个感兴趣的选题时,最重要的是看看别人是不是也研究过这个选题,采用了什么研究方法,得出了什么研究结论,这些研究结论能不能满足我们的要求。如果能满足我们的需要,就没有必要再进一步探讨这个话题了,以免浪费人力、物力。低水平的重复劳动不仅浪费经费,也会导致研究水平无法进步。

案例2-5 美国阿波罗宇宙飞船登月计划中,有一项钛合金空舱压力试验,他们用了20个钛合金空舱充甲醇做试验,结果因出现穿孔而报废,经济损失高达150万美元。事后才知道只要事先查一查美国的《化学文摘》就可以完全避免这次损失。因为早在10年前的文献中,就已经发现了解决这个问题的办法,只要在甲醇中加2%的水就行了,检索这篇文献的时间只需10多分钟。

我国某研究所用了大约10年的时间研制成功"以镁代银"新工艺,满怀信心地去申请专利,可是美国某公司早在20世纪20年代末就已经获得了这个专利。这项专利的说明书就收藏在该研究所所在地的科技信息所。

资料来源:王学东,魏敬收,刘绪平,等.现代信息检索技术[M].哈尔滨:哈尔滨工程大学出版社,2008:11.

(二)找准研究方向

有了模糊的选题范围以后,我们需要通过文献调研了解现有的研究基础、存在的问题和不足之处、研究的发展趋势以及在现有研究基础上进一步深入的可能性。系统全面地了解研究现状可以帮助我们找到调查研究的空白点,找到有价值的调查研究问题,确定调查研究的方向。

案例2-6 第二次世界大战后,日本的迅速崛起,显示出科技进步的作用。日本仅用了15年的时间就走完了西方先进工业国家半个世纪的历程,使其迅速跻身于世界经济强国之列。在市场经济条件下,科技、信息情报对经济发展起着至关重要的作用。任何个人、企业乃至国家,要想在竞争中站住脚,都必须掌握先进的科学技术和足够可靠的情报,并运用它进行科学决策。例如,日本的丰田汽车曾经一度要挤垮美国的第二大汽车公司,并不是日本的技术比美国高,日本人也承认他们的技术并不比美国强,而是在于情报工作。日本人发现美国造的汽车宽大、舒适、富丽堂皇,但是却费油。他们通过收集情报,分析10年内必然出现石油的短缺,因此,查找收集了世界各国有关汽车省油的资料,集中生产了小而经济省油的汽车。果然,到了20世纪70年代末,日本的丰田汽车风靡世界,显示出优势。"以情报求生存,以情报求发展"已经成为我国当今众多有远见卓识的企业家的共识。

资料来源:王学东,魏敬收,刘绪平,等.现代信息检索技术[M].哈尔滨:哈尔滨工程大学出版社,2008:10.

(三)借鉴前人经验

调查研究是一系列创造性思维活动的结合,课题不仅仅是选择一个要研究的题目,还包括把握调查背景、调查目的、理论依据、调查方案等等在内的任务,这对于一个本科学生或者调查研究的新手来说,并不是一件轻轻松松就可以完成的事。这时应该查阅相关文献,从别人发表的研究成果中,从其完成的工作经历中,借鉴他们的经验和教训,以便于理清自己的思路,搞好或完善调查方案,少走弯路。

二、文献检索的途径

广义的文献是指记录有知识的一切载体,是把知识、信息用文字、符号、图像、音频等记录在一定的物质载体上的结合体。本文所指的文献是指狭义的学术文献,即经过学术同行审核的文献,主要包括专业学术杂志和书籍、研究报告和学位论文、学术会议论文等。

经过几千年人类文明史的积累,特别是在当今"知识爆炸"或"信息爆炸"的时代,各种研究成果日新月异、层出不穷。20世纪90年代后,人类知识积累的速度日益增长。英国技术预测专家詹姆斯·马丁提出人类的知识积累在 19 世纪是每 50 年增加一倍,在 20 世纪中期是每 10 年增加一倍,而当前已经到了每 3~5 年就增加一倍的境况。因此,在浩瀚如星海的巨量知识中,要快速有效地检索到我们所需要的文献,必须掌握一定的方法和技巧。

(一)数据库的选择

除了收藏纸质文献的各类图书馆、档案馆以及谷歌、百度等大众网络搜索引擎之外,各类专业数据库是文献调研的首选,它们具有严谨性、规范性和连续性的特点,有较大的学术价值。而且现在的很多数据库的操作界面也越来越友好,使用越来越简单化,有的文献数据库,尤其是中文数据库,简单地学习之后就可以进行基本的应用,如图 2-1 所示。

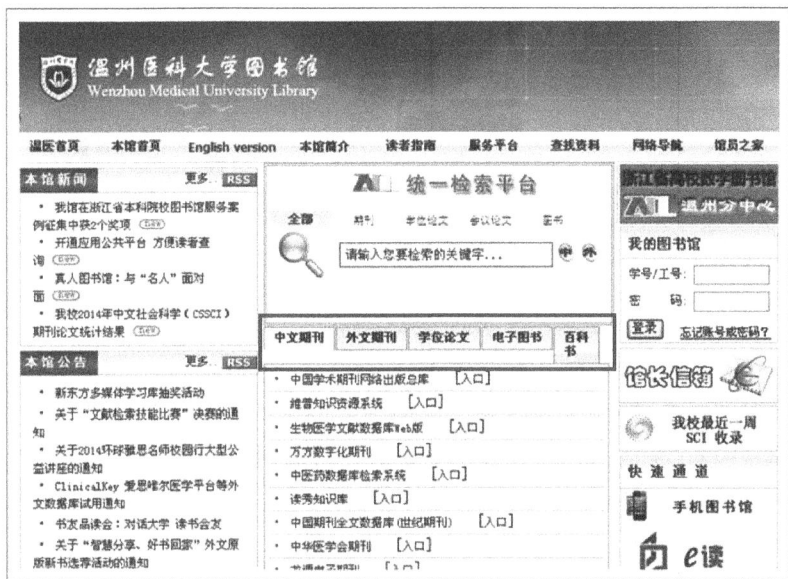

图 2-1　图书馆主页和各种数据库资源

论文之外,我们还可以在万方数据—科技成果、中国知网—国家科技成果数据库查找现有的科技成果,在万方数据—标准、中国知网—国家标准全文数据库、中国行业标准全文数据库、中国标准数据库里查阅各项行业标准,在万方数据—专利、中国知网—中国专利全文数据库里检索已经登记的专利。

除了这些研究资源之外,我们在图书馆主页里还会发现许多其他方便快捷的资源(见图 2-2),例如多媒体类的有网上报告厅视频资源、KUKE 数字音乐图书馆、超星"名师讲坛"视频数据库等;学习考试类的有起点自主考试学习系统、银符考试模拟题库、冰果英语数据库、新东方多媒体学习库等,内容覆盖了外语、司法、财会、公务员等各项考试。这些电子资源通常是学校花钱购买供本校同学免费使用的,但是在现实中很多人可能因为不了解这些资源导致使用率不高,"空有宝山而不知",非常可惜。

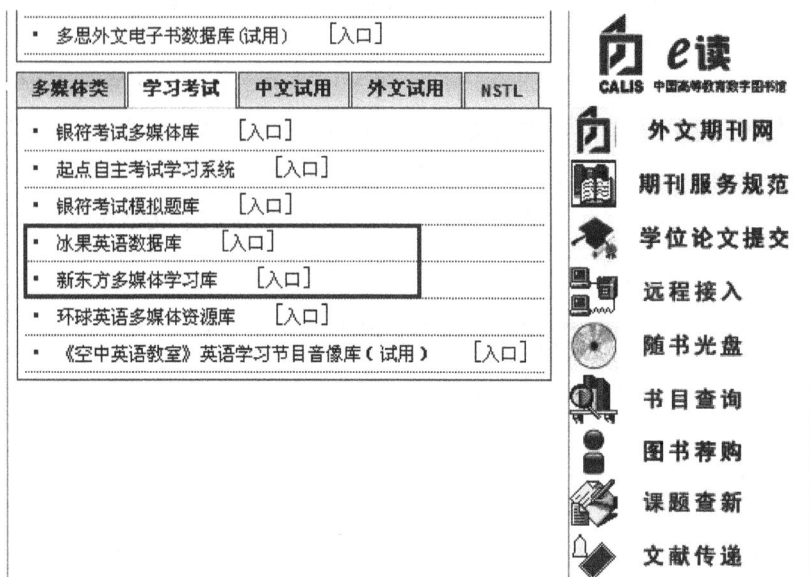

图 2－2　图书馆的多媒体和学习资源

（二）关键词的确定

关键词要选取最有代表性的、最能说明问题的、通用的、规范的、具体的检索词。例如"大学生心理健康现状调查",关键词应该选择"大学生"和"心理健康","现状"、"调查"、"应用"、"研究"、"探讨"之类的词意义过于宽泛,不能用来作为检索词。有了初步的检索结果以后,学术论文一般都有关键词列出来,我们也可以用这些关键词来第二次检索。最后,我们还应该检索与关键词近义、同义或很相似的一系列查询词,例如"大学生"可以替换为"高校学生","农民工"替换为"流动人口"或者"外来人员"。这样反复循环几次,争取找到更全面的文献。

（三）检索策略的制定

常用的检索策略为布尔逻辑检索,即指采用布尔逻辑表达式来表达用户的检索要求,并通过一定的算法和实现手段进行检索的过程,具体包括逻辑与"and"、逻辑或"or"、逻辑非"not"。

逻辑与"and"运算符为"and"或" ＊ ",例如"A and B"或"A ＊ B",其含义是检出的信息中必须同时含有"A"和"B"两个检索词。其作用是增强检索的专指性,使检索范围缩小,提高查准率。

逻辑或"or"的运算符为"or"或"＋",例如"A or B"或"A＋B",其含义是检索记录中凡含有检索词 A 或检索词 B,或同时含有检索词 A 和 B 的,均为命中文献。这样可以扩大检索范围,提高查全率。

逻辑非"not"的运算符为"not"或"－",例如"A not B"或"A－B",其含义是检索记录中含有检索词 A,但不能含有检索词 B 的文献,才算目标文献。其基本作用是缩小检索范围,提高查准率。

在一个检索式中,可以同时使用多个逻辑运算符(见图 2－3),构成一个复合逻辑检索式。在复合逻辑检索式中,运算优先级别从高至低依次是 not、and、or,可以使用括号改变运算次序。例如检索式"(A or B) and C",程序会先运算"(A or B)",然后再运算"and C"。不同的运算次序会得出不同的检索结果。

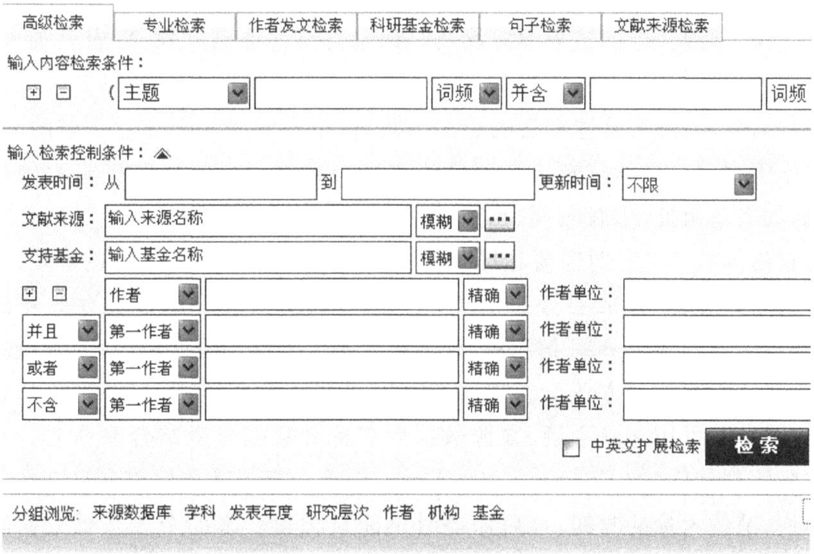

图 2－3 中国知网的检索框示例

三、文献分析的技巧

找到文献以后,可以开始阅读分析文献,在这个过程中,如果有需要,我们可以随时返回去补充文献。一般来说,大部分研究选题都可以找到海量的研究成果,我们不可能对所有的文献分配相同的时间和精力,必须做一些去粗取精的选择工作,并且重点注意某些文献和某些内容。

(一)文献分析的原则

首先,在研究起步阶段对于不熟悉的课题要由浅入深,从一些参考书开始,如百科全书、字典、手册、专著等,内容比较集中全面,有助于帮助我们了解某个领域的概述。课题的进展情况应该阅读相关的综述文章。综述是对某研究领域的整体状况的评述,它可以为一项研究提供准确的定义和框架。大多数的学生在进入课题研究之前,都还不太了解该领域的全面情况。例如《留守儿童研究综述》、《主观幸福感测量研究综述》、《比较优势理论发展的文献综述》之类的综述性文章,可以让学生掌握某一特定研究领域中的基础知识,并给出已有的研究及该研究探索的范围。一个好的文献综述不仅对现有研究成果进行分析和归纳,还能提供以下信息:①比较和对照不同的作者对某一问题的观点差异;②持相同结论的作者做总结归纳、对研究方法进行解释评论;③提出不同观点之间的区别所在;④指出前人研究中存在的不足之处;⑤描绘现有研究与以往研究之间的发展脉络;⑥预测未来的研究发展趋势。

其次,阅读文献的过程中应该及时记录自己的点滴发现、思想火花、研究灵感和个人心得等。俗话说,好记性不如烂笔头,特别是文献积累得比较多的时候,很容易忘记这些宝贵的想法。同时,记录的时候要注意文献的出处,很多学生在记录文献资料方面经常出现的一种错误是忽略有关文献的次要信息,如文章出处、出版时间、出版单位地点和页码等,在最后撰写论文或者研究报告的参考文献时需要花费时间再次查对,导致一些不必要的麻烦。

最后,文献的存放要分门别类。下载后的文件应分门别类存放在磁盘上,或置于自己的 E-mail 信箱中,或上传至网上开设的公文包内,为了避免丢失,可以在不同的地方备份。文件多时应多建几个文件夹,文件名和邮件名要便于识别,可用文献主题、来源数据库名称和数据年限结合来命名。利用好文献管理软件(如 EndNote、NoteExpress 等),能帮助我们建立自己的个人资料库,节约大量的时间,日后需要时也能对积累起来的个人文献数据库进行方便的查找。

(二) 选择文献的标准

通过检索,我们可能得到成百上千的与研究问题相关的文献,要每篇都仔细阅读没有可能也没有必要。因此首先应该大致浏览文章,初步判断该文献是否对自己的研究题目具有参考价值,哪一部分参考价值较大,然后确定应重点精读的内容。

选择文献的标准其一是相似性,文献的研究主题、研究方法、理论框架与自己的越相似越有参考价值;其二是根据发表的时间,一般来说发表得越近,越能够吸收前面的研究成果,按图索骥的可能性越大;其三是文章的权威性,包括作者的权威性和发表期刊的权威性。权威专家之所以是权威,通常是因为他们的研究在某个领域的积累深厚,并获得了大多数人的认可,他们的文章我们可以优先阅读。另外,级别较高的正规刊物发表文章之前要经过匿名的同行评审,文章的质量比一般刊物更有保障。当然,这些都是一般情况,实际中也经常会有一些特殊的例外,这需要我们不断学习、不断积累经验。

但是对于一个本科学生来说,判断哪个专家、哪家杂志是权威也不一定是容易的事,除向相关科目的老师请教、网络搜索之外,我们还可以通过文章的引用率来作为量化的参考。在数据库中每一篇文章都会表明下载量和引用量,被引用的越多,一般认为文章中的观点引起了越多人的注意。

（三）文献分析的重点

阅读文献的时候,有些内容需要重点分析:研究背景和研究意义,研究的理论框架(所依据理论的缘起、发展、成熟及展望),研究方案(包括研究对象、研究方法、抽样过程、资料分析方法等),研究的结论以及推论,你对该研究的评价是什么(研究的优点和独到之处,研究的不足之处,可以改进的地方,特别是在研究方法上的信度和效度如何),如何在这个基础提出你的创新点。

第三节　学生科研课题申请

所谓的科研一般是指在求知欲的推动下,利用科学手段和工具认识客观事物的内在本质和运动规律而进行的调查研究、实验、试制等一系列的活动。大学生参与科研对学生素质具有全面的提升作用。首先,它可以深化专业知识,帮助我们充实、巩固、检验通过书本学习而得的理论知识,"纸上得来终觉浅,绝知此事要躬行",实践让我们更深刻地理解知识,并且提高知识运用能力和动手能力。其次,它可以培养大学生的创新能力,科研活动的本质是一种创新活动,从提出问题、分析问题到解决问题的科研过程就是创造过程。最后,它还可以培养大学生的人格素养,包括严谨务实的思维方式和科学态度,百折不挠的奋斗精神,敢于承认错误的优秀品质和良好的团队合作精神。从功利的角度来看,参加学生科研也有利于同学们以后的就业和继续深造。

一、组建申请团队

科学研究不是一个人的战斗,需要团队的合作和努力,科研发展的趋势之一就是科研人员的合作,目前跨国家、跨地区、跨学科的合作越来越频繁。英国作家萧伯纳曾经形象地说过:两个人交换了苹果,每个人手里还是只有一个苹果;但是两个人交换了思想,每个人就同时有了两个甚至多个思想。

一般来说,具有不同学科背景、性格特征、能力优势的科研人员之间产生思想的交流和碰撞,彼此借鉴思路和方法,常常可以更快捷地产生灵感,取得研究突破。通过科研团队成员的协同努力能够产生积极的协同作用,使成员发挥各自的优势,协同研究相同的现象,解决共同的问题。学科团队的绩效水平高于个体成员绩效的总和。

大学生科研也是一样,一般团队成员数量少至 2～3 人,多至 5～6 人,在申请课题之前,我们需要按照课题组委会的要求组建合适的研究团队。我们可以从以下几个方面去考虑团队的建设:

（一）指导教师

本科学生精力充沛,思想活跃,创造力非常旺盛,具有很大的研究潜力可以挖掘。然而,大部分学生通常是第一次接触科研,"新鲜人"接触"新鲜事",很多时候可能会因为研究方法和知识结构的不足而难以入手,因此高水平教师的指导对研究工作的开展非常关键。大部分课题需要学生主动邀请 1～2 位指导教师,在选择合适的指导教师时,我们需要考虑这样几个因素:教师的研究领域要和课题相关,学科发展的专业化使得"隔行如隔山"现象日益明显,一个老师不可能熟悉所有的领域,教师对指导自己专业领域内的学生课题更有把握;教师要有时间和指导热情,高校教师自己也承担着繁重的科研任务和教学任务,有没有充裕的时间和指导学生的热情也是我们需要考虑的重要因素。

（二）团队成员

团队成员是你接下来一段时间的合作对象,承担各项具体任务,要想顺利实现科研团队目标,除了选择合适的指导教师以外,更为重要的是挑选好团队成员。队员的挑选可从团队人员的构成要求和任务分工等方面入手,搭配不同的年级,高年级有经验的学生带领低年级的学生,课题内容需要专业合作的则可选择不同专业的同学参加。另外,要根据个人所具有的知识、技能和性格特点在团队中安排适当的角色,使其能够各自发挥相应的作用,并与团队其他成员进行良好的合作。在团队内,课题负责人应具有一定的领导能力,统领整个团队开展研究工作,勇于承担责任,能根据团队的角色安排任务分工,充分发挥每个成员的潜能和作用。

（三）加强团队文化建设

良好的团队文化能提高团队合作的效率,避免各种内耗和摩擦。建设团队文化的时候需要注意两点:一是建立一个信任、开放、自由的交流平台。团队中每个成员都应该理解和尊重他人观点,这样有助于队员之间的头脑风暴,观点之间的交流碰撞,最后形成有价值的思想,推动科研工作的开展。在研究工作中偶然想到的点子,如果具备了一个知识和信息能及时有效交流和沟通的网络,就可以提高"抓获"创新机遇的概率,带来创新的契机。二是要了解每个队员的个人情况和工作进度,采取有效的激励措施,及时消除队员之间的矛盾和误解,不断增强团队的凝聚力和认同感,提高团队成员的默契程度,保证每个队员都能了解团队的计划和任务,保证按时按质完成科研工作。

二、申请书的内容和撰写

学生科研课题立项申请书的主要内容一般包括课题名称,负责人、指导教师、团队成员的相关信息,课题可行性报告,完成课题的条件和保证,经费预算,预期研究成果以及课题指导老师意见等。接下来我们将学习如何撰写其中一些重要部分。

（一）课题可行性报告

这部分是申请书最为核心的内容,我们需要在这里说服评委本研究是有意义、有价值的,而且要说明课题的主要内容、研究方法、预期目标等关键事项。可行性报告一般包括研究背景和意义、国内外研究现状与发展趋势、课题主要研究内容和研究方案、课题的创新之处等。

1. 研究背景和意义

课题的背景是指研究选题发生的社会环境和由来;课题的意义是指研究的目的,也就是我们为什么要研究这个问题,有什么价值。一般可以先从现实需要方面去论述,指出现实当中存在这个问题,需要去研究,去解决。这些论证要具体,有针对性和说服力,不能漫无边际地空喊口号。

案例2-7　自从计算机和网络日益深入人们的日常生活,人们就开始考虑它们对社会的潜在影响了。随着网络技术的广泛普及和快速发展以及网络资源的日益丰富,网络给人们的学习、工作和生活带来了诸多便利,但同时也带来一种新的心理问题——网络成瘾。网络成瘾是伴随现代社会信息技术高度发展而产生的一种对网络过度依赖的行为。正如赌博、酗酒、吸毒一样,网络成瘾已逐渐成为困扰人们学习、工作和生活的一个重要社会问题。大量研究证明,网络成瘾对人的身心健康、社交、工作、学习和家庭生活等各方面造成严重影响,尤其对青少年危害更大。因此,心理学研究者和有关学者对这一问题给予了高度关注。

……对大学生网络成瘾的发生率,国内外都有研究。但由于有的调查样本太小,有的诊断标准不一致,有的由于在线调查,样本代表性差等原因,所以调查结果很不一致。本研究试图通过规范的大样本抽样调查,搞清上海市大学生网络成瘾的发生率、分布状况,为以后的预防与矫治工作提供依据。

资料来源:顾海根.上海市大学生网络成瘾调查报告[J].心理科学,2007,30(6):1482-1483.

2. 国内外研究现状与发展趋势

这部分的内容也称为文献综述,主要是介绍目前学术界已经取得的成果。这个部分我们需要展现、归纳和评述该议题上的其他学者所做的研究。通常必须关注的几个问题是研究所属的领域或者相关领域对这个问题已经知道多少,已完成的研究有哪些,以往的建议与对策是否成功,有没有建议新的研究方向和议题等。

案例 2-8 随着我国金融、电信和互联网的迅速发展,诈骗者借助高科技手段的电信诈骗犯罪迅速在我国产生和蔓延(胡向阳等,2010)。电信诈骗是传统诈骗与现代通信技术相结合而产生的一种新的诈骗犯罪形式,利用现代通信技术手段发送欺诈信息,骗取数额较大的公私财物(胡向阳等,2010)……当前对电信诈骗的现象主要从法学的角度进行研究,如胡向阳等(2010)、屈学武(2008)、王大为、温道军(2012)等对电信诈骗的特点、原因和防控对策进行了分析;除此之外,许福生(2012)、王松丽(2009)等还对打击电信诈骗存在的问题进行了探讨。已有研究对电信诈骗基本都从"客位观点"的角度进行讨论,而且大多从宏观方面分析,对结构性的东西探讨较多,而对电信诈骗的研究缺乏动态过程的分析,且单纯以犯罪群体作为研究对象,忽略犯罪群体内部具有年龄、文化程度、阶层等差异性。

为弥补当前研究的不足,我们试图从"主位观点"(哈里斯,1989:34-54)的角度进行分析,即把研究对象聚焦到实施诈骗的农村青年,通过与之建立"我群关系"进行资料收集,同时对其诈骗行为的动态过程进行分析,其目的是探讨农村青年如何进入诈骗行业,其在诈骗过程中的心理状态如何,以及诈骗行为何以延续和断裂。延续这里指的是诈骗行为的再生产,即诈骗者出事被抓放出来后继续行骗。断裂指的是诈骗行为的终断,即诈骗者最终选择退出诈骗行业而不再进入。我群关系指日常生活中的行动者在自然态度状态下,与他人面对面的关系(谢立中,2010:9)。

资料来源:吴鲁平,简臻锐.农村青年电信诈骗行为的产生、延续与断裂——基于东南沿海某村6名诈骗者的质的研究[J].青年研究,2014(1):22-30,94-95.

3. 课题的主要研究内容和研究方案

研究内容要具体、明确,新手在确定研究内容的时候,往往考虑的不是很具体,写出来的研究内容特别笼统、模糊,把写作的目的、意义当作研究内容。我们可以把研究目标分解成几方面的研究内容,并详细地表达出来。研究方案是指用什么研究方法来完成目的,是文献研究还是实验、调查研究?若是调查研究,是普调还是抽查?如果是实验研究,要注明有无对照实验和重复实验。实施计划要详细写出每个阶段的时间安排、地点、任务和目标、由谁负责等。若外出调查,要列出调查者、调查对象、调查内容、交通工具、调查工具等。如果是实验研究,要写出实验内容、实验地点、器材等。实施计划要具体到能够按照计划一步一步操作下去。如果需要的话,可以画一些流程图来示意研究方案。

4. 课题的创新之处

你的研究与其他人的研究有什么不同之处,有什么创新点。创新可以体现在理论上的创新、研究内容上的创新(扩大了研究领域)、研究方法上的创新(使用了新的研究方法)、研究对象上的创新(同样的研究问题别人还没有研究过该研究对象)等。

(二)完成课题的条件和保证

这部分可以介绍负责人和主要成员曾参与或组织完成过哪些课题,成果水平的社会评价,完成本课题的研究能力、时间保证和基础条件,资料设备,科研手段等。大部分本科学生可能没有参与任何科研课题的经历,不用担心这个会影响到课题立项。我们可以介绍自己的相关能力,以及有助于表明自己能顺利完成课题的经历,例如,写作能力、相关领域的知识储备、接近研究对象的便利条件、吃苦耐劳的品性、团队合作的能力,以及其他方面的活动和所获奖励(要说明这些奖励在哪些方面有助于课题完成)。

(三)经费预算和预期研究成果

课题的顺利开展,必然离不开经费的支持。每个立项申请书都要填写预算计划。所以我们还需要大致估算本课题所需要的资金是多少,并且分配到具体事项中,比如收集资料的费用,实地调查外出的交通费、住宿费等,问卷调查的印刷费和填写问卷的费用(有时候需要给填写问卷的人一些小礼品),有些课题还需要购买一些相关的书籍材料,结题报告等资料的印刷费等等。在估计课题经费的时候,一方面要考虑该项目能提供的经费,我们的预算要控制在预算额度之内;另一方面要注意经费的合理使用,尽量节约。

☞ **实验思考题**

1. 每位同学根据自己的研究兴趣,提出一个研究选题。

2. 确定选题的关键词和近义词,在图书馆电子数据库里搜索相关文献,包括 30 篇中文文献和 10 篇英文文献,阅读并做笔记。

3. 根据文献调研修正自己的选题,并重复上述过程,直至确定选题。

4. 组建一个 3～5 位同学组成的研究团队,撰写一份科研课题立项申请书。

☞ **实验教学附件**

2015 年温州医科大学本专科学生科研课题立项申报表

一、数据表

课题名称								
负责人姓名			性别		民族		出生日期	年 月 日
政治面貌			学 院			专 业		
住址					手机			
					短号			
指导老师	姓名	性别	出生年月	所属学院	专业职务	职称	研究专长	
课题组成员	姓名	性别	出生年月	所属学院	专业	具体分工	手机(短号)	
课题类别	A. 自然科学类　 B. 社会科学类							
预期成果	A. 专著　 B. 论文(集)　 C. 研究报告　 D. 工具书　 E. 科技发明 F. 电脑软件　 G. 其他							
预计完成时间	年 月 日							

二、课题可行性报告

内容包括：①立项背景和意义。②国内外研究现状与发展趋势。③课题主要研究开发内容、技术关键以及科研创新的主要方式。④课题预期目标（如主要技术经济指标、应用前景、获取自主知识产权等情况）。⑤课题实施方案（如技术路线、组织方式与课题分解等）。

三、完成课题的条件和保证

负责人和主要成员曾参与或组织完成过的课题,成果水平的社会评价;完成本课题的研究能力、时间保证和基础条件;资料设备;科研手段。

四、课题经费预算

序号	经费开支科目	经费预算金额(元)
1	资料印刷费	
2	材料购置费	
3	实验费	
4	市内交通费	
5	指导培训费	
6	其他	
7	合计	

五、预期研究成果

	序号	研究阶段(起止时间)	阶段成果名称	成果形式	承担者
主要成果					

六、课题指导老师意见

指导老师签名：

年　　　月　　　日

七、学院大学生创新创业教育小组审查意见

课题立项意见：

负责人签字：

盖　章

年　月　日

八、校大学生科研工作委员会办公室审批意见

审批意见：

负责人签字：

盖　章

年　月　日

第三章

研究设计

☞ **实验教学目的**

1. 理解调查研究的目的。
2. 理解研究的分析单位和时间维度。
3. 理解概念化和操作化。
4. 了解指标的设计。
5. 理解测量的层次。
6. 了解研究的信度和效度。

☞ **实验教学内容**

1. 在制订调查计划的时候,要考虑研究目的、分析单位和时间维度。
2. 调查研究之前,我们需要设计调查的工具,那就是测量的指标。
3. 好的测量工具必须兼备信度和效度。

第一节 分析单位和时间维度

有了明确的选题以后,我们的"作战任务"就已经瞄准了,接下来就是要制订"作战计划"——设计研究的方案。在研究设计的时候,我们需要考虑我们的研究目的,分析单位,时间维度,测量的指标、信度和效度等重要因素。

一、研究目的

研究的具体目的千变万化,总结起来有三个最基本的目的:探索、描述和

— 41 —

解释。当然,有些研究可能有一个或多个目的。

（一）探索

当我们对某个议题不是很熟悉时,探索性研究可以帮助我们初步了解所研究的现象或问题,获得初步印象和感性认知,为以后进一步研究提供基础和方向。探索的目的是寻找一些资料以帮助研究人员认识和理解所面对的问题,常常用于在正式调研之前帮助我们将问题定义得更准确、确定相关的行动路线或获取更多的相关资料。探索研究的样本量一般较小,也没有什么代表性,研究过程具有很大的灵活性,研究方式主要采用文献研究以及相关人员或专家访谈法。

例如,假设你对街头的流浪乞讨儿童感兴趣,你很同情他们的遭遇,想调查关于他们的生活方式,他们为什么出来乞讨,为什么不上学,他们的家人对此事的看法,他们的生活会遇到什么困难,他们有没有被人操纵并受到剥削,是不是被拐卖的等问题的答案。但是由于你一直顺顺利利地按照常规的生活方式成长,对这样的生活并不了解。要初步回答这些问题,我们可以查阅文献,看看别人对这些问题的回答,还需要找机会和当事人（访谈法）或街头巡逻的警察聊聊。

（二）描述

许多研究的目的是描述情况或事件,通过严谨可靠的科学程序,把研究人员观察到的事物或现象从特征、状况、规模、程度等方面描述出来。它主要回答"是什么"或"怎么样"的问题。典型的描述性研究有人口普查、民意测验、产品的消费者调查等。人口普查的目标是准确而精密地描述某一人口总体的各种特征。民意测验的目的则是对民众的意愿、观点、舆论等方面的倾向进行描述,例如生育意愿、性观念、对转基因食品的接受程度等。消费者调查描述现有消费者和潜在消费者的购买行为和消费特征以帮助企业制定针对性的营销方案。除此以外,社会学中经常采用描述性研究的还有社区研究、个案研究等。

描述性研究中常用的收集资料方法有访问法、问卷法、二次资料分析法等。同探索性研究相比,它通常要求样本的数量和代表性能在一定程度上推断总体的状况,其结果也比探索性研究更加系统、全面。描述性研究不一定仅限于描述,也可以在描述的基础上进行解释,它和解释性研究通常是相辅相成的。描述性研究是解释性研究的前提和准备,解释性研究是描述性研究的延续和深入。

案例 3 - 1　以 2010 年 12 月 1 日为时点,全国妇联和国家统计局联合组织实施了第三期中国妇女社会地位调查。这是全国妇联和国家统计局继 1990 年、2000 年第一、第二期中国妇女社会地位调查后组织的又一次全国规模的调查。进行这次调查的目的是,全面、客观地反映 2000 年以来中国性别平等与妇女发展的状况、取得的进展及存在的问题;分析影响妇女地位变化的因素和机制,探究社会结构变迁与妇女地位变迁的关系;为党和政府制定促进妇女发展、推动性别平等的方针、政策和规划纲要提供科学依据;为各级妇联深入了解不同女性群体的需求、推进妇女工作的科学化服务;推进中国特色的妇女理论和政策研究的不断深化。

资料来源:第三期中国妇女社会地位调查课题组.第三期中国妇女社会地位调查主要数据报告[J].妇女研究论丛,2011(6):5 - 15.

（三）解释

解释性研究试图回答"为什么"的问题,通常探讨社会现象发生的原因,预测事物发展的结果,寻求社会现象之间的因果联系并做出明晰的理论说明或阐释。例如,"为什么大城市的犯罪率比小城市的犯罪率要高"、"为什么体育锻炼能提高学习成绩",这样的研究选题就是解释性的研究。

解释性研究在理论的指导下提出一个有待验证的命题或假设,然后收集经验事实材料来证实或证伪假设。解释性研究经常使用的收集资料的方法有实验法、问卷调查法、案例研究法等。

二、分析单位

分析单位是一项社会研究采用的基本单位。例如,"农村妇女家庭地位调查",研究对象是农村妇女,分析单位就是个人;"农村家庭拥有计算机的数量和信息可获得性研究"的研究对象是农村家庭,它的分析单位是家庭。分析单位是我们所收集资料的直接描述对象。例如,如果分析单位是个人,我们会以个人为基本单位,收集若干个人的年龄、性别、学历、收入、宗教信仰、生活方式等信息;如果分析单位是家庭,我们会以家庭为单位,收集一个个家庭包含的人数、家庭收入等资料。研究者把这些对分析单位个体的描述聚合起来分析,可以描述由这些个体所组成的群体,以及从这一群体出发推论所代表的更大规模的群体。例如,我们把所调查的 3000 位农村妇女的家庭地位集合在一起,可以得出这 3000 位农村妇女的家庭地位,如果按照随机抽样的方法得到的样本,还可以推论她们所代表的农村妇女群体的家庭地位。

分析单位主要有以下几种类型:个人、社会群体、社会组织、社会产品。

　　个人是社会科学研究中最常见的分析单位,通过对个人信息资料的收集来描述和解释社会群体及其互动过程。理论上来说,适用于每个人的科学发现是最有价值的,自然科学的很多定律基本符合这种情况,例如万有引力定律对所有人、所有物体都是有效的。但是在社会科学中,由于社会生活的复杂性和群体之间的巨大差异,分析单位通常只是某特殊群体的个人,例如大学生、工人、农民、消费者、教师等。

　　社会群体也是社会学研究中常见的分析单位。所谓的社会群体,是指由若干人所组成的小团体,譬如家庭、朋友圈、邻里、班级等。以群体为分析单位和以个人为分析单位的研究在描述对象上是不同的。例如,我们想要调查班级里同学们的科学素养,分析单位是个人,需要收集的是每个同学对科学知识、科学方法、科学精神的了解程度。如果我们想要研究的是不同类型的班级之间团体凝聚力的区别,例如班级规模的大小、男女学生的比例等,这个时候我们的分析单位不再是个人,而是班级这个群体。社会群体作为分析单位时,可以用成员的特征来描绘群体特征,如家长是否受过高等教育的家庭、年龄差距超过多少岁的朋友圈、婚礼花费多少的婚姻等。

　　狭义的社会组织是为了实现特定的目标而有意识地组合起来的正式群体,如企业、政府、学校、医院、社会团体等;广义的社会组织有城市、国家、政府等。组织作为分析单位时,要根据组织特征,对其构成要素或对它所属的更大群体的描述进行刻画。例如,对高等院校,可以根据学校的类型(专科性大学或综合性大学等)、所处的地理位置(大城市或小城镇)、规模、每年发表的论文数量等变量来描述,对商业组织可以根据职工数、净利润、资产变量等刻画其特征。

　　社会产品是指人类行为或人类行为的产物,例如结婚、帮派斗殴、交通事故、帮助他人等属于人类行为,书本、绘画、雕塑、电影、墓碑、信件等属于人类行为的产物,我们把这些都统称为社会产品,它们也是非常重要的分析单位。例如,有学者研究婚礼出席的宾客人数、金钱花费与婚姻稳定性之间的关系,还有非常常见的研究是通过内容分析研究书本、绘画、信件等文献背后反映出来的社会意识、社会结构和社会变迁。

　　案例3-2　就目前一般产品广告中妇女形象来看,一种最为普遍的修辞法,就是以女人拟物品。当广告者赋予物品以女性的性别时,女人与物都定位在需要和等待被占有的性质上。

　　《南方周末》上一则 TCL 奔腾4 电脑广告,上面虽没有出现妇女的图像,但广告语虚拟的恋人语气,不折不扣沿用了这一修辞法:

　　你"亲亲"的来,正如你"亲亲"的去,多少次在梦里想与你亲密,但你一直与我保持"亲密"的距离,一开始,我就在留意你的出现,你美丽的芳容与非凡的内涵一直令我神往! 可你高高在上的姿态却使我无法与你接近。后来,我发现你慢慢离我近了很多,2000 年 11 月 22 日 23888 元,2000 年 12 月 22 日 13858 元,2002 年 3 月 5 日 9998 元,但深知自身条件的我还是没有信心与实力去拥抱你。这次你终于注意到了等你已久的我,让我遇上这千载难逢的机会。醇钛金 988L,8998 元。我将鼓足勇气,真正去拥有你!

　　所有这些表达突出了广告的主题词"想她、等她、拥有她"。妇女的性别在这个广告中不仅被明码实价标出,而且呈降价趋势。

　　资料来源:艾晓明. 广告故事与性别——中外广告中的妇女形象[J]. 妇女研究论丛,2002(2):23-31.

　　关于分析单位我们要特别注意前后的一致性,如果用一种分析单位做研究却用另一种分析单位做结论,就会产生区群谬误。例如,大城市的犯罪率比小城市的犯罪率高,我们不能得出结论大城市的人比小城市的人不爱遵守法律规范。因为前者的分析单位是城市,而结论的分析单位是个人,以城市为分析单位时,不能得出关于个人的结论。

　　另外一个容易出现的错误是简约论,即用较低层次分析单位的研究得出较高层次分析单位的结论,通常表现为使用单一或有限的某种特征来解释和说明复杂的社会现象,因此被称为是简约论或还原论。例如,导致两个国家之间的发展程度差距的因素有很多,如地理、历史机遇、政治体制、文化习俗等等,但是如果仅仅用国民的个体因素来解释这个区别的话,就犯了简约论的错误。例如,A 国家大部分人信仰的是基督教,B 国家大部分人信仰的另外一种宗教,假设 A 国家比 B 国家更发达,我们不能得出结论认为是两个国家之间的宗教信仰的不一致导致了国家发展的不同。因为宗教信仰是个人的分析单位,其层级比国家要低,个人的分析单位不能得出关于国家的研究结论。

三、时间维度

　　在研究设计中,我们需要考虑时间因素,是选择一个时间点来观察还是选择一个时间段来观察。根据时间维度,我们可以把研究分为截面研究和历时研究。

　　(一)截面研究

　　截面研究也叫横向研究、剖面研究,它在时间轴上选择一个时间点,收集这个时刻研究对象的资料,以描绘研究对象的状况或者不同变量之间的关系。当然,这个"时间点"有时候可能是某个时刻,有时候可能是一天、一个星期或一个月,只是指较短的一段时间内,而不是真的数学意义上的时间点。

截面研究是社会研究中最常见的一种形式,主要目标是对某种社会现象或某一社会总体的横截面进行了解,也可以用来分析和比较某一社会现象或总体中不同部分的特点及其相互关系。许多探索性研究和描述性研究都是截面研究,如人口普查、公众舆论调查、妇女社会地位调查等都是典型的截面研究。

(二)历时研究

历时研究也叫纵向研究,是指在若干个不同的时间点上收集资料,用来描述或预测现象的发展趋势,以及解释不同现象前后之间的联系。历时研究主要有以下三种类型:

1. 趋势研究

关注某特定研究对象在时间维度上发展规律的研究,它通过对研究对象在不同时期的横向研究进行汇总比较,以发现其随着时间变化而发生的规律,其基础是截面研究。例如,我们可以对第一次妇女社会地位调查的数据和第二次、第三次的调查数据进行比较,分析我国妇女地位的变化情况和变化原因。在进行趋势研究的时候要注意,作为对比的截面研究不仅要求研究对象一致,而且其研究方法和研究内容也应该是一致的,如果这些内容不同,就无法进行准确科学的比较。

2. 同期群研究

所谓同期群,是指在相同时间内经历同种事件的人口群。例如,同年出生的一批人或同年参加高考的所有学生分别可称为出生同期群或高考同期群。同期群研究指的是对某一特殊群体随时间推移而发生变化的研究。在这种研究中,每次研究的样本并不相同,即每次研究的具体对象可以不一样,但他们必须都同属于这一特定群体。这种群体特征通常都与时间或年代相关。同期群研究的优点是不必长期跟踪第一个时间点的研究样本,第二次研究可以选择其他符合条件的研究对象,从而避免研究样本的佚失,节约人力物力。

3. 同组研究

同组研究又称追踪研究,是指对同一组人在不同的时间点进行研究。同组研究和同期群研究相同的是都是对某特殊人群的研究,不同的是其每次研究的样本都是一样的。第一次选择了哪些人作为样本,以后的研究也要以这些人作为样本,不管他们去了哪里,都要联系上,因此就可能产生样本失联或死亡的风险。如果丢失的样本比例过大,就会导致不同时期的比较有困难。

第二节　测量和指标

　　如果我们要测量一张桌子的长度,那我们需要一个带有一定精确程度的刻度尺,按照一定的规则(例如零点放置于桌子的起点,尺子保持与桌子的平行等)进行测量,才能得出较为准确的结果。所谓的测量,是指根据一定的规则,将某个物体或某种现象的特征和属性用数字和符号表示出来的过程。我们对物理世界的测量都非常熟悉,例如某桌子的长度 2.36m、某砝码的质量 5.0g、某杯温水的温度 42℃ 等等。社会现象的测量原理和物理测量是一样的,我们可以按照同样的方式来理解。

一、社会测量的要素

　　测量桌子的长度,我们首先要有一张待测量的桌子,即测量的客体;还需要一个精度符合要求的刻度尺,即测量的工具;然后按照一定的规则开始测量,即测量规则;最后得出结论,例如"2.36m",其中"2.36"是数字,"m"是符号,代表了这张桌子长度这个属性是2.36m。社会测量也包括这四个要素:

　　(一)测量客体

　　测量客体就是我们的调查对象,包括人、事件、现象等。当然,我们要测量的不是客体本身或者它的所有属性,而是其某个或几个特征和属性。例如,中国妇女社会地位调查我们测量的是妇女的社会地位这一项属性;大学生消费观调查,测量的是大学生消费方式、消费能力、消费观点等方面的特征;而城市居民幸福指数调查,测量的是居民对生活的满意度。

　　(二)测量工具

　　测量长度需要尺子,测量质量需要天平,测量温度需要温度计,这些都是测量的工具。社会测量也要利用或者自己设计工具来能完成,问卷、访谈、实验等具体方法就是我们的测量工具。例如,高考的时候使用考试卷来衡量考生对知识的运用掌握能力,各科试卷就是测量工具。做调查研究的时候,我们也可能通过问卷来测量研究对象的某项特征,问卷可以自己设计也可以使用别人的经典研究。

　　(三)测量规则

　　测量规则是一种具体的操作方法,例如高考的时候,闭卷,考场有 2~3 个监考老师,不许携带任何资料,在 2 个小时之内完成答题。利用问卷、访谈等方法的时候我们也需要遵守一定的规则,选择研究样本,问卷的发放、回收、录入、统计等都要严谨地遵守程序,才能得出较为准确的结果。不按照规则办事,测量结果就会无效。

(四)数字或符号

数字或符号是指用来表示研究客体属性或特征的文字。体重52kg,年龄26y(岁),性别为F(女),52kg、26y、F这些就是表示客体某方面属性的数字和符号。我们用之来表示调查对象在属性上的差异。

跟自然科学中的测量相比,社会测量有两个不同点。一是社会测量的标准化程度比较低,对于同一种现象,不同的人有不同的测量方法、测量工具、测量规则,因此也会有不同的测量结果。例如,智商这个概念,就有很多种测量的指标体系,使用不同的体系,同一个人的智商结果也是不一样的。二是社会测量虽然也用数字和符号,但是这种测量并不一定是定量的,也可能是定性的。例如性别、宗教信仰、职业类型等特征都是定性的,只表示类别的差异,不表示类别的大小。

二、社会测量的层次

社会测量按照测量变量所具有的数学性质的差异,可以分为四个层次,即定类测量、定序测量、定距测量和定比测量。

(一)定类测量

定类测量是测量层次中最低的一种。其本质上就是一种分类体系,即将研究对象的不同属性或特征加以区分,标以不同的名称或符号,确定其分类,例如,男性与女性、已婚与未婚、有宗教信仰或者无宗教信仰、从事的职业是服务业还是制造业等等。为了便于统计,我们通常用数字来表示这些属性,譬如男性=1、女性=2,未婚=1、已婚=2、离异=3、丧偶=4等,但是需要注意的是,这些数字1、2、3、4之间只是符号的不同和类别的不同,没有数量之间的差别,我们不能说2>1,也不能把两个1相加等于2,对它们进行"+"、"-"、"×"、"÷"的操作都是没有意义的。定类测量的结果只有"="和"≠"(即属于与不属于)。

(二)定序测量

定序测量是指测量研究对象特征或属性的次序,根据某种逻辑排出高低或大小,确定其等级。典型的有对文化程度的测量通常以教育程度为标准分为文盲、小学、初中、高中、中专及专科、大学及以上;对产品质量的测量分为不合格、合格、优秀;对服务质量的满意度可以分为不满意、一般、满意等。定序测量比定类测量层次高,不仅具有分类的差异,类别与类别之间也有数量差别,我们知道小学文化比文盲好,初中毕业比小学毕业文化程度高,质量合格的产品优越于不合格的劣质品,评价满意比不满意的服务质量要高。因此,对测量结果比较大小次序是有意义的,可以用数学符号">"或"<"表示。但是定序测量的结果还不能进行加减或乘除运算,"初中＋小学"、"初中×2"之类的运算是没有意义的。

（三）定距测量

定距测量是指对调查对象之间间隔距离的测量。例如智商、温度、结婚年龄、所受教育年限等就是非常典型的定距测量。一个人的体温是 40℃,我们就知道他发烧了,比正常体温 37℃ 高了 3℃;一个人的智商是 120,我们可以说他比另外一个智商为 100 的人高 20;一个人接受的教育年限是 12 年,我们可以认为他比另外一个教育年限是 5 年的人多 7 年。通过定距测量,我们不仅知道两个事物之间有优劣的差别,还把差别的大小用数字表示出来了。定距测量除具有定类测量和定序测量的功能以外,其测量值之间的距离是有实际意义的。定距测量的量可以进行加减运算。

（四）定比测量

它是最高层次的测量,除具有上述三种测量层次(定类测量、定序测量和定距测量)的所有特征之外,还要求具有实在意义的零点。例如薪水就是一种定比测量,薪水为 0 就是没有任何薪水。智商的测量就不是定比测量,因为智商为 0 的话,我们不能认为这个人没有智商,只能说他智商很低;类似的还有温度的测量,0℃ 并不是没有温度,而是水结冰时的温度。薪水我们可以进行加减乘除四种数学运算,薪水 5000 元可以用"×2"表示薪水翻番,但是智商 120 的人不能说比智商 60 的人聪明 2 倍,只能说智商高 60。定比测量的数值可进行加减乘除四种数学运算,运算结果都有实在意义。

我们之所以要了解测量的层次,那是因为与最后测量结果的数据统计息息相关,不同的测量层次,需要采用不同的统计方法来处理和分析,特别是在检验两个变量之间是否存在相关系数的时候,我们将在 SPSS 统计基础的章节中继续学习变量的层次。

三、社会测量的指标

自然科学中的测量对象一般是实体,且有较为固定的概念和统一的认知,如桌子的长度、体温、重量等。但是社会测量的对象,通常是抽象的、含糊的、不确定的。例如,"收入"这样一个简单的概念,我们仔细分析也会发现有劳动收入、财产收入、意外收入、赠予性收入等;"教育"有国家承认的全日制教育、业余时间的自学或进修,广义的"教育"还包括看一本书或一场电影受到的心灵触动、旅游时获得见识的增长、生活经历给我们的启发。更不用说一些更为抽象含糊的如"幸福感"、"同情心"、"信任"等概念。要测量这些对象,我们需要精心设计指标体系,即测量的工具。

案例3-3 信任是一个相当复杂的社会与心理现象,牵涉到很多层面和维度。因此在做任何信任研究之前,把自己要研究的信任先作概念上的说明及澄清,找出其基本构成是必要的。然而,西方学者对信任的定义五花八门,直到今天,也仍然没有一个共同认可的定义。

后来的学者虽然将"信任"的定义收窄到"人际信任"的范畴,亦即仅指对另一个人或一群人的信任而不包括对事件的信任。下面是几个比较有代表性的说法:

——信任是个体认为另一个人的言辞、承诺以及口头或书面的陈述为可靠的一种概括化的期望(Rotter,1967)。

——信任是个体所有的一种构成其个人特质之一部分的信念,认为一般人都是有诚意、善良及信任别人的(Wrightsman,1992)。

——信任是交往双方共同持有的,对于两人都不会利用对方之弱点(vulnerability)的信心(Sabel,1993)。

——信任可由选择相信他人的合作行为来显示(Deutsch,1973)。

信任的复杂性可通过对其基本构成和维度的分析得到更清楚的反映,下面是一些较典型的分析结果:

——可预测性、可依靠性、坚信(faith)(Remple & Holmes,1986)。

——行为一致性、能力、义务和责任感(Barber,1983)。

——能力、动机、才干(capability)(Deutsch,1973)。

——概括性信任、情感性信任、可靠性、可依赖性(Johnson-George & Swap,1982)。

——专业技能、可信任性(Hovland,Janis & Kelly,1953)。

资料来源:杨中芳,彭泗清.中国人人际信任的概念化:一个人际关系的观点[J].社会学研究,1999(2):1-21.

(一)概念化

我们生活中使用的语言通常是含糊的,但是这并不会影响我们的交流。我们能理解这些话语:"她是一个善良的人","某某很值得信任","他文化程度很高"。但是在社会科学的研究当中"善良"、"信任"、"文化程度"都只是我们头脑中的印象和标签,它具有不确定性。例如案例3-3中"信任"这个概念,不同的学者对它的理解是不一样的,有些人的"信任"是信任对方的品行,有些人的"信任"还包括对能力、专业技能、彼此感情的考察。因此要研究某个问题,我们要用术语把概念的含义明确下来,以保证所有的人都能理解,这个过程就是概念化。交流是在概念的基础上进行的,不然就会出现鸡同鸭讲的情况。

(二)操作化

"善良"、"同情心"这样的概念是抽象的,它没有颜色、形状和气味,我们看不见、摸不着、闻不到,要把抽象的概念进行测量,我们需要把它转化为可以观察和测量的对象。所谓的操作化,是指具体说明测量的内容和方法,以及如何对不同的观察结果进行解释。例如,案例 3-4 就反映了"失范"这个词从概念化到操作化的这样一个过程,经过操作化以后,抽象的"失范"就可以观察和测量了。

案例 3-4　涂尔干认为,自杀率也反映了社会稳定和谐的状况。社会动荡和剧烈变迁带给人们的是不确定感,涂尔干认为,这种不确定感导致迷惘、焦虑甚至自我毁灭。为了描述这种社会规范的失序,涂尔干选择了失范(anomie)来形容这种状况。值得注意的是,这个词并不是涂尔干凭空捏造的。anomie 在德文和法文里的意思就是"没有规则的",而早在涂尔干之前三百年,英国人也用 anomy 来形容"亵渎神圣的法律"。然而,自涂尔干之后,anomie 便成为社会科学领域的一个概念。

自《自杀论》问世以来,失范在社会科学家眼里成为一个十分有用的概念,许多学者扩展了涂尔干的用法。默顿(Robert Merton,1938)在他的经典著作《社会结构和失范》中得出这样的结论:失范产生于社会所认同的目标和手段之间的脱节。例如,挣更多的钱是社会上有广泛共识的目标,但是,并非每一个人都有能力用社会所接受的方法来实现这个目标。默顿认为,对目标的强调造成了社会混乱,因为那些不愿意采用正当方法的人,就会采用非法手段来达到目的。默顿的讨论就是对失范概念的扩展。

尽管涂尔干当初提出这个概念是为了描述社会的特征(默顿也是如此),然而也有社会科学家用它来描述个人(为了表现这种分别,有些社会学家采用了 anomie 的原意,即描述社会;另外采用 anomia 来描述个人)。在某个社会中,有些人有失范(anomia)的经验,另一些则没有这样的困扰。在默顿之后 20 年,鲍维尔(Elwin Powell)对失范(那时采用的还是 anomie)给出了如下的概念化定义:

当发觉自己行为的结果相互矛盾、无法运用、无足轻重的时候,失范便产生了。因为失去了方向,空虚与冷漠便伴随而来,因此,失范可以简单地被理

解为"空虚"。(1958:132)

鲍维尔更进一步认为社会上存在两种失范,此外,他还具体考察了不同的职业经历如何造成失范甚至演变为自杀。但是,鲍维尔并没有测量失范,他只是研究了职业和自杀之间的关系,并因此获得了两种失范的推论。因此,鲍维尔的研究并没有提供失范的操作化定义,而只是将失范做了进一步的概念化。

尽管不少学者提出了失范的操作化定义,但只有一位学者的定义最引人注目。在鲍维尔发表上述论文之前两年,史汝尔(Leo Srole,1956)设计了一份据称能测量个人失范的问卷,其中有五个叙述性的问题要受访者回答"同意"或是"不同意"。

1. 不论人们怎么说,男人一般都会越变越坏。

2. 把新生儿带到这个不断寻找明天的世界,真是一件不公平的事。

3. 现在,人们不得不今朝有酒今朝醉,根本管不了明天。

4. 现在,人们真的不知道还可以信赖谁。

5. 向政府官员投诉没什么用,因为他们根本不关心老百姓。

资料来源:[美]艾尔·巴比.社会研究方法.[M].11版.北京:华夏出版社,2009:130-131.

(三)指数和量表

在社会研究时,我们常常设计和发展可以操作的指数和量表来测量一些抽象概念。

(1)指数是指在回答多个问题时,不同的答案分配一定的数值,最后把这些数值加起来就是所得分数,分数的高低代表一定的含义。例如,贝利生育意愿指数(见表3-1)可以测量人们对待生育的态度。它由10个陈述组成,同意该陈述编码为1,不同意该陈述编码为0,最后把10个陈述的得分相加起来,就是测量客体的生育意愿指数,总得分越高,说明研究对象的生育意愿越强烈。

表3-1 贝利生育意愿指数

	同意	不同意
1. 结婚的主要原因之一是生孩子	1	0
2. 只要一个孩子是错误的,因为独生子女是在孤寂中长大,而且会由于没有兄弟姐妹而忧郁	1	0
3. 生育孩子是妇女所能有的最意味深长的经验之一	1	0
4. 每个性别至少有一个孩子比仅有单个性别的几个孩子好	1	0

续　表

	同意	不同意
5. 一个妇女没有孩子,绝不会感到完全满足	1	0
6. 一个男人直到他业已证明自己是孩子的父亲时,才是个真正的男人	1	0
7. (由于生育控制、绝育或年老)不能导致怀孕的性活动是不道德的	1	0
8. 一个男人不结婚,或一个已婚男人无孩子,可能是个同性恋者	1	0
9. 一个妇女的首要天职是做母亲,在不妨碍完成其做母亲的天职的条件下,她才可以有她的事业	1	0
10. 一对没有孩子的已婚夫妇实在可怜	1	0

(2)李克特量表。该量表由一组陈述组成,每一陈述有"非常同意"、"同意"、"不一定"、"不同意"、"非常不同意"五种回答,分别赋值为5、4、3、2、1,每个被调查对象的态度总分就是他对各道题的回答所得分数的总和,这一总分可说明他的态度强弱或他在这一量表上的不同状态。李克特量表的陈述通常分为5个等级,但有些研究者也使用7个或9个等级。李克特量表的设计比较简单而且易于操作,因此在社会研究实务中应用非常广泛。在实地调查时,研究人员通常给受测者一张印有量表的封闭式问卷,请他从中挑选一个合适的答案。

(3)语义差异量表。该量表由一组词义相反的词语组成,这一组词语通常是某个事物或对象的待研究属性。例如,我们可以用一组反义词"幽默"和"无趣"、"智慧"和"愚蠢"、"善良"和"邪恶"、"主动"和"被动"、"坚强"和"软弱"等来测量研究对象心目中某个人的形象(见表3-2)。从一个极端到另外一个极端之间可以分成5~7个等级,每个等级赋予分值5、4、3、2、1或者2、1、0、-1、-2。调查时,请被调查对象根据自己的判断打"√",然后统计所有的调查结果可以得出定量的结论。

表3-2　您对张三的个人印象

	2	1	0	-1	-2	
幽默						无趣
智慧						愚蠢
善良						邪恶
主动						被动
坚强						软弱

语义差异量表的主要优点是可以清楚有效地描绘受访者对个人、社会现象、社会事件、某种产品或品牌的态度、印象。如果同时测量几个对象的形象，还可以将不同对象的形象轮廓制作成图像进行可视化比较。

（4）社会距离量表。美国社会心理学家鲍嘎德于1925年创建了该量表，它由一组表示不同社会距离或社会交往程度的陈述组成，它要求被调查者根据自己的看法对这些陈述表示赞同还是反对。例如，假设我们要探讨人们与同性恋群体的交往意愿和对他们的接受程度，我们可以询问这样一些问题，您愿意让同性恋：①生活在你的国家吗？②生活在你的社区吗？③住在你们的那条街吗？④做你的邻居吗？⑤你的子女如果是同性恋，你愿意接纳他们的伴侣吗？

社会距离量表的题目在强度上是有差异的，上述这些问题逐步增加了受访者对同性恋者的接受程度，同意低级别的描述不一定同意高级别的描述，同意该级别的描述则一定能接受较低级别的描述。我们一般用社会距离量表来测量人们对某个事物的态度，它在研究偏见行为和歧视态度的时候特别有用。

第三节　信度和效度

一杆带有错误刻度的称，不能称出正确的重量。同样的，不是所有的社会测量都能较为准确地测量出预先的测量目标，我们必须谨慎地审视测量的信度和效度，以保证社会研究的可靠性和质量。

一、社会测量的信度

（一）信度的概念

信度又称一致性、可靠性，它是指采取同样方法对同一对象进行重复测量时，其所得结果相一致的程度。例如，用同一个问题问同一个人，第一次的回答是 A，第二次的回答是 B，第三次的回答是 C，这说明该问题的答案信度比较低，如果每次得到的都是一样的答案，则说明该问题的信度比较高。

从另一方面来说，信度可以代表测量数据的可靠程度。如果你用一个体重计称体重，第一天读数是 45kg，第二天读数是 55kg，第三天读数是 40kg，我们肯定认为这个体重计是有问题的、不可靠的。同理，低信度的社会测量也是不值得信赖的。

研究通常包括这样几个步骤：提出问题，研究背景，建立假说，收集资料，分析资料以得出结论,发表研究成果与同行进行交流。每个研究人员的价值观和知识背景都不一样,怎样才能最大限度地保证研究的质量呢?其中一个原则就是研究的可重复性。也就是说,别人看了你的研究过程和研究结论以后,能够复制你的研究,检验你的研究结果,这样才能避免偏见和修正错误。科学客观的研究必须具有可重复性和较高的信度。

(二)信度的类型

信度指标一般用相关系数表示,即两次或多次测量结果的相关性如何,(正)相关系数越大,信度越高;相关系数越小,说明几次测量结果之间没什么关系,信度越低。在研究中,常见的几种测量信度的方法有:

1. 再测信度

再测信度是指对同一组被调查人员采用相同的量表或调查问卷,在不同的时间点先后调查两次,比较两次调查结果之间的差异程度。这是最常见的一种测量信度的方法,第一次测量和第二次测量结果之间的相关系数就是该量表或问卷的信度。

再测信度反映时间变化所带来的随机误差的影响。两次测量间隔时间太短,被调查者较容易机械回忆出上次填的答案,形成"伪信度";时间太长的话,被调查者较容易受外部影响而发生个人观点的变化,也会影响信度的测量。在评估再测信度时,一般间隔时间短则两周,长则6个月甚至一年。

2. 复本信度

复本信度是指测量结果相对另一个非常相似的调查结果的变异程度,是对同一组被调查人员使用两份内容实质等价但具体题目不同的问卷进行调查,然后比较两组数据的相关程度。评估复本信度要用两个复本对同一群被调查者进行测试,再计算两次测量结果的相关系数,相关系数越大,信度越高。

复本信度的工作量比再测信度大,因为我们需要设计两份各方面等值的测量工具(调查问卷、心理量表等),相同的数量、类型、内容、难度的题目,类似各种考试的 A、B 卷。相应地,被调查对象的答题时间也会加倍,这可能导致调查费用的上升和答题质量的下降。复本信度的主要优点在于能够避免再测信度的一些问题,如记忆效果、练习效应,减少了辅导或作弊的可能性。

3. 折半信度

折半信度是指在一项调查中,把所有的题目分成两半,计算这两半测验之间的相关性而获得的信度系数。通常的办法是将被调查对象的调查结果按照题目的单双号分成两部分计分,再根据各人在这两部分的分数,计算出来的相关系数即是折半信度。折半信度不需要复本,测量只实施一次,但是要注意分成两半的题目之间要有内在逻辑一致性。

二、社会测量的效度

（一）效度的概念

效度即有效性,它是指测量工具或手段能够准确测出所测量对象的程度。效度是指所测量到的结果反映所想要考察内容的程度,测量结果与要考察的内容越吻合,则效度越高;反之,则效度越低。例如,要测量一位大学生高等数学的掌握情况,给了他一张小学数学的试卷,结果即使他得了 100 分,也不能反映出他在高等数学方面的水平。这种测验就是效度很低的,测量结果是无效的。给中学生考试使用大学难度的试卷,同样也得不出有意义的结果。只有测量工具准确反映测量对象的时候,测量才是有效的。

（二）效度的类型

1. 表面效度

表面效度,也称内容效度或逻辑效度。它是指测量内容的适合性和相符性。也就是说,测量工具是否确实能代表想要测量的属性。要提高内容效度,我们需仔细设计研究。例如要调查大学生的"择偶观",首先必须明确什么是择偶观,包含哪些方面,问卷中的内容是否与择偶观有关,有没有多余的或者遗漏的。如果可能的话,我们可以咨询专家的建议,对测量项目与所涉及的内容范围进行符合性判断,以提高测量的效度。

2. 准则效度

同一概念可能有多种测量方法和测量工具,其中一种方法 A 作为参照的标准,如果方法 B 的测量结果和方法 A 的测量结果高度相关,我们就说方法 B 的准则效度高。一般来说,我们会选择经典的、经过权威认证的测量工具作为自己的参照准则。

3. 构造效度

构造效度是指一个测量实际测到所要测量的理论结构和特质的程度,即测量与理论之间的一致性。例如,要研究宗教信仰的虔诚程度,我们可以查阅文献,发现"慰藉理论"认为那些社会经济地位比较低、无法在世俗社会中得到满足和成就感的人,更容易转向宗教寻求慰藉和代替物。因此,我们可以在理论上认为变量 X 社会经济地位和变量 Y 虔诚程度之间有关系,社会经济地位越低的人信仰宗教越虔诚。测量社会经济地位 X 的指标已经有很成熟的研究为 $X1$,我们自己设计了测量虔诚程度 Y 的指标 $Y1$,经过验证,$X1$

与 Y1 符合原先假设的理论。那么,我们就说新设计的指标 Y1 具有构造效度。

三、信度与效度的关系

信度和效度既有明显的区别,又有密切的关系,它们一起保证研究的质量和水平。两者间的关系如图 3-1 所示。

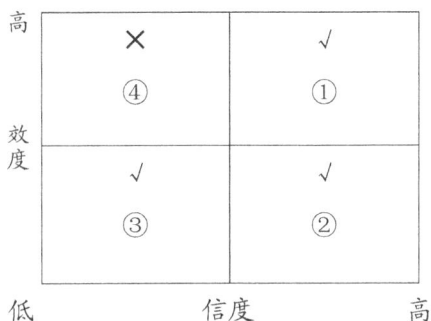

图 3-1 信度与效度的关系

(1)信度是效度的必要条件。效度必须建立在信度的基础上,没有信度的测量,每次测量结果都不一样,不可重复,这样的测量工具肯定是无效的,图 3-1 中方框④处的"×"代表不存在。

(2)信度高,效度不一定高。一个错误刻度的尺子,虽然每次测得的结果非常一致,但是每次结果都偏大或偏小 5cm,测量的效度就比较低。假设我们要测量的是变量 X,结果却测的是变量 Y,这个测量对于变量 X 来说就是无效的。

(3)高信度、高效度的测量工具才是最好的,可以帮助我们完成既可靠又有效的研究。

案例 3-5 一项上海中医药大学的研究邀请了其附属龙华、曙光、岳阳等医院 16 位教授级资深临床内科专家,按照中医诊病的顺序及方法分别现场对 1 位肾病患者做出辨证诊断。结果发现:

舌质:9 位专家判断舌质淡红,2 位专家判读舌红,5 位专家判读舌质淡白,还有 2 位专家认为舌质暗。

舌体:齿痕舌 1 位,裂纹舌 1 位,舌体瘀斑 1 位,舌体胖大 2 位。

苔色及苔质:苔黄 11 位,苔白 3 位,苔薄 11 位,苔厚 3 位,苔腻 11 位,苔润 4 位,苔燥 3 位。

面色：红黄隐隐 2 位，面色淡白 2 位，面色萎黄 5 位，面色黄 2 位，淡黄 3 位，白光白 1 位，青黄 1 位，少泽 11 位，无泽 3 位。

口唇：暗红 9 位，淡红 2 位，色紫 2 位，唇润 3 位，唇燥 4 位。

脉象：脉沉 9 位，脉结 7 位，脉弦 7 位，脉细 7 位，脉滑 2 位，脉数 1 位，脉无力 3 位。

对该患者做出诊断的专家有 9 位，其中虚实诊断中，诊断此患者为虚证者有 8 位。病名诊断中，诊断为虚劳者，共有 3 位，诊断为水肿者 2 位，此外，诊断为癃闭者 1 位。病性诊断中，诊断为阳虚者 2 位，气虚 1 位，阴阳两虚 1 位。兼证诊断中，兼证为血瘀者 2 位，湿浊者 4 位。病位诊断中，其中 6 位专家定位在脾，7 位专家定位在肾，其中脾肾兼有者 5 位。

该研究还随机抽取了 25 份病例，每份病例复印 1 份，然后放在一起从 1 到 50 编号，采取双盲方法邀请了两位中医专家对这 50 份病例进行辨证诊断。发现对于同一份病例量表，同一医生先后两次诊断一致性不高，尤其是阴虚的一致性是最差的。

资料来源：刘国萍，王忆勤，赵耐青，等. 中医临床医生四诊信息判读及诊断一致性探讨［J］. 世界科学技术（中医药现代化），2010(3)：358－362.

☞ **实验思考题**

1. 找出你的研究选题中的关键概念，并试着对它进行操作化。

2. 任选一类弱势群体（如农民工、HIV 携带者、离异妇女等），设计一个量表测量人们对他们的偏见程度。

3. 阅读案例 3－5，请思考为什么中医把脉的信度低？信度低的结论可靠吗？

第四章

问卷调查法

☞ **实验教学目的**

1. 理解随机抽样和非随机抽样。
2. 掌握几种常见的抽样方法。
3. 初步了解问卷设计的方法。
4. 掌握如何判断问卷质量的方法。
5. 了解问卷的发放和回收方法。

☞ **实验教学内容**

1. 问卷调查法是社会研究中最常见的一种工具,它是调查者运用统一设计的问卷向被选取的调查对象收集资料的研究方法。

2. 研究人员将所要了解的问题编制成问卷,以邮寄、当面作答或者访问等方式填答,从而了解被调查者的个人经历、行为方式、对某一现象或问题的看法和意见。

3. 问卷调查关键在于调查样本的选择、问卷的设计以及结果分析。

第一节 抽样原则与方法

案例 4-1 1936 年,美国著名的刊物《文学文摘》进行了一次大规模的民意测验活动:选票被寄给了从电话簿与车牌登记名单中挑选出来的 1000 万人。最后收到了 200 万人以上的回应;结果显示有 57% 的人支持共和党候选人阿尔夫·兰登,而当时的在任总统富兰克林·罗斯福的支持率为 43%。因此,《文学文摘》预测兰登会以 57％的优势战胜罗斯福。两个星期之后,投票结果显示,罗斯福以历史上最大的优势,61％的得票率,获得第二届任期。

是什么导致《文学文摘》这么大样本规模的调查走向了失败? 问题症结之一出在样本的确定上。该刊从电话号码簿和车牌登记名册上挑选了访问对象。但在当时的背景下,美国家庭装的电话机只有 1100 万部左右,因此有家用电话者,尤其是有条件参加某种俱乐部的人,大多是经济上较富有、政治上保守而倾向共和党的选民,这就造成显著的偏差。较贫穷的阶层,包括当时多达 900 万的失业者,在样本中缺少其应有的代表性。当时正值经济大萧条过去不久,较贫困的阶层人数不少,与兰登相比,罗斯福推行的新政较多地考虑了这些人的利益,这解释了《文学文摘》的预测为何产生如此大的偏差。问题的症结之二是该刊起初拟访问对象为 1000 万人,但只有 240 万人寄回了对问题单的回答。问卷的回收率太差以致影响了调查结果。因为富有的人,对当时现实抱比较满意态度以及文化水平较高的人,做出回答的可能性要大些,这个倾向有利于共和党。

资料来源:陈希孺. 机会的数学[M]. 北京:清华大学出版社,2000:96－98.

一、抽样的逻辑

如果需要全面、准确地掌握被研究对象的基本情况,对调查对象的全部进行的逐一的、无遗漏的专门调查,这叫作普查,例如每十年一次的国家人口普查。

总体(population)是指我们所要调查的全体。一般来说,总体是一个庞大的数字,我们不可能直接调查其中的每个个体。因此,为了节约人力物力,我们需要通过一定的程序,从总体中挑选出作为直接观察的对象,这些对象的总和就是样本(sample)。例如,温州医科大学总共有 2 万名学生,我们按照一定的方式从中抽取 1000 名学生进行调查,这 1000 名学生就是 2 万名学生总体中的一个样本。

假设我们要调查的是某型号手机的重量,或者教室里课桌的高度,我们不需要调查每一个手机或者每一张桌子,任选一个该型号的手机或者一张桌子就可以。为什么呢? 因为手机、桌子都是流水线制造业产品,这种产品的特征就是同一批次、同一型号的产品在外观等方面都几乎是一模一样的。因此,我们知道了一个手机的重量,这个型号的所有手机的重量是一样的,一张课桌的高度即是这个教室里所有课桌的高度。在这种情况下,抽样是没有必要的。

然而,在社会测量当中,研究对象通常是非常复杂的。例如,如果我们要调查某高校大学生的就业观,每个大学生的成长经历、知识背景、价值观都很不一样,因此,一个大学生的就业观完全不能代表该高校的所有学生,这时候就需要精心选择调查对象。把样本从总体中抽取出来作为观察对象的过程就是抽样(sampling)。

抽样的方式可以分为两类:概率抽样和非概率抽样,也叫作随机抽样和非随机抽样。我们先来了解几种比较简单易用的非概率抽样,然后再来学习相对严谨的概率抽样(随机抽样)。

二、非概率抽样

概率抽样代表性好,但是在实际研究中我们可能会发现有的时候受客观条件的限制而无法使用概率抽样。常用的非概率抽样有偶遇抽样、目标抽样、滚雪球抽样和配额抽样。

(一)偶遇抽样

偶遇抽样,也叫就近抽样或者方便抽样,是指研究人员根据实际情况,以自己方便的形式抽取偶然遇到的人作为调查对象,或者仅仅选择那些离得最近、最容易找到的人作为调查对象的抽样方式。例如,有些学生在食堂门口或者自习教室门口拦下路过的同学做访问,或者我们经常看到的电视节目记者在街头随意采访遇到的民众。

对于许多调查研究的新手来说,要特别注意两点:一是偶遇抽样得到的结论只能代表访问对象,我们不能推论到研究的总体,就像街头百姓满面笑容地对记者说"我很幸福",这不一定是虚假的回答,但是他们的回答只能代表受访者本人,而不能推论到某个群体、某个阶层或者所有的中国人。二是很多人容易混淆偶遇抽样和随机抽样,他们错误地理解了"随机抽样",以为"随机抽样"就是"随意抽样",其实随机抽样是一种要求非常严格的等概率抽样方法,偶遇抽样才是很多人心目中的"随意抽样"。

(二)目标抽样

目标抽样,也叫判断抽样或立意抽样,是指研究人员在已有知识背景和对选题把握的基础上,根据研究目标和自己的主观分析来选择和确定研究对象的抽样方式。例如,要研究高校里学习困难学生的情况,我们可以找辅导员,请他给我们推荐几个有代表性的例子,因为辅导员负责学生工作,对每个年级哪些学生存在学习问题非常了解。

目标抽样简单易行,符合调查目的和特殊需要,可以充分利用调查样本的已知资料,具有被调查者配合较好、资料回收率高等优点。它适用于在样本数量较小,而且对总体的有关特征具有相当了解的前提下使用。该类抽样结果受研究者既有知识结构影响大,一旦主观判断出现偏差,就会引起抽样误差。同时,它也不能直接推断调查总体。

（三）滚雪球抽样

滚雪球抽样是指先为方便抽样选取一个或一些合适的样本,然后再请他们提供另外一些属于所研究目标总体的调查对象,根据这些线索找出其他的调查对象的抽样方式。例如,要研究广场舞大妈的生活,我们可以先去公园熟悉几位大妈,然后再通过她们认识其朋友,再结识朋友的朋友,不用多久,你就有很多热衷广场舞的大妈作为调查样本了。

滚雪球抽样适合在某个方面比较相似,生活方式不为人所知,表面上难以察觉的调查对象,如艾滋病患者、同性恋群体、流浪者、私家车的车主、高档俱乐部的会员等。它的优点是可以根据某些样本特征对样本进行控制,适用寻找一些在总体中十分稀少的人物。缺点是样本偏差可能比较大,因为那些调查对象的名单来源于那些调查过的人,而他们之间通常具有一定的相似性,因此,样本的代表性有待验证。

（四）配额抽样

配额抽样也称定额抽样,是指研究人员将调查总体按一定标志分类或分层,根据比例确定各类（层）单位的样本数额,然后在配额内任意抽选样本的抽样方式。例如,假设某企业有 2000 名员工,我们事先已经知道其中男性占50%,女性占 50%;普通员工 70%,管理人员 30%;生产部门（S）、营销部门（Y）、开发部门（K）、行政部门（X）的员工分别占 40%、30%、20%、10%。现在用配额抽样的方法依照上述 3 个变量抽取 1 个规模为 200 人的样本,依据总体的构成和样本规模,我们可以得到如表 4-1 所示的配额样本。

表 4-1　某企业员工抽样配额

男性员工(100 人)								女性员工(100 人)							
普通员工(70 人)				管理人员(30 人)				普通员工(70 人)				管理人员(30 人)			
部门	S	Y	K	X	S	Y	K	X	S	Y	K	X	S	Y	K	X
人数	28	21	14	7	12	9	6	3	28	21	14	7	12	9	6	3

根据配额表,我们就可以知道需要抽取什么样的调查对象作为样本,例如,28 名生产部门普通男员工,21 名营销部门普通女员工,6 名开发部门女性

管理人员,等等。在每一个配额内,我们可以采用方便抽样或者目标抽样得到具体的样本。配额抽样先"分层"再抽样,因此适用于研究人员对总体的有关特征具有一定的了解而样本数较多的情况。它的优点是费用不高,易于实施,样本能满足总体比例的要求,但是也容易掩盖一些不可忽略的偏差。

三、概率抽样

概率抽样也称随机抽样,它的基本原则是必须保证总体中的每一个个体都有同样的概率被抽取为样本。根据统计学理论,这样得到的样本可以通过统计值,也就是根据样本计算出来的关于样本变量的数量表现,来推论总体的参数值。所谓的参数值,就是指总体的实际数量表现。例如,我们要调查某高校学生的月平均零花钱,随机抽取了 200 位同学,得到了这 200 位学生的月平均零花钱,假设为 1566.0 元。这 1566.0 元是统计值,该高校学生的实际月平均零花钱数(一个存在但我们尚不明确的数字)就是参数值,我们可以用统计值来推论研究总体的参数值。

概率抽样的时候,需要注意抽样框(sampling frame)的获取,是指对可以选择作为样本的总体单位列出名册或排序编号,以确定总体的抽样范围和结构。有了抽样框后,便可采用抽签的方式或按照随机数表来抽选必要的单位数。若没有抽样框,则不能计算样本单位的概率,从而也就无法进行概率抽样。例如,要从 20000 名学生中抽出 200 名组成一个样本,则 20000 名学生的名册,就是抽样框。常见的抽样框有学生花名册、城市电话号码簿、工商企业名录、街道或派出所的居民户籍册等。

(一)常见的概率抽样方式

1. 简单随机抽样

从含有 N 个元素的总体中直接抽取 n 个元素组成样本,使每个可能的样本被抽中的概率相等的抽样方式,即简单随机抽样,该抽样方式类似于抽签。简单随机抽样的特点是:每个样本单位被抽中的概率相等,样本的每个单位完全独立,彼此间无一定的关联性和排斥性。它要求被抽取的样本的总体个数 N 是有限的,样本数 n 小于等于样本总体的个数 N。抽样时,每个个体被选为样本的可能性均为n/N,从总体中逐个抽取出来并且不放回。

简单随机抽样的具体操作方法是:①取得总体的样本框;②对总体的每个单位从 1~N 进行编号;③利用一定的辅助工具进行随机抽样,在没有计算机的时候,我们通常使用随机数表,现在我们可以非常容易地利用电脑随机数生成工具来完成这项工作。这里,我们介绍使用 Excel 自带的随机数生成工具。例如,我们要从 20000 个学生当中抽取 100 位学生作为样本,我们先取得 20000 个学生的名单,从 1 到 20000 进行一一对应的编号,并进行以下操作:

(1) 打开 Excel 软件,在单元格中输入函数"RANDBETWEEN(1,20000)",如图 4-1 所示,回车后就产生了 1 个 1~20000 的随机数字,这个数字编码所对应的学生就是我们的一个样本。

图 4-1 利用 EXCEL 软件产生随机数

(2) 然后把鼠标移至该单元格,待它变成"十"符号时点击左键下拉 99 个单元格,可以产生另外 99 个 1~20000 的随机数,这 99 个随机数所对应的学生就是我们的样本。

理论上,简单随机抽样相当简易,特别是当总体单位数 N 不太大时,实施起来确实不困难。但在实际研究当中,当 N 相当大时,简单随机抽样就比较困难。因为,首先它要求有一个包含全部 N 个单位的抽样框,而这通常很难办到;其次,用这种抽样得到的样本分散,调查不容易实施。因此,在实际中直接采用简单随机抽样的调查不是特别多。

2. 等距抽样

等距抽样,也叫系统抽样或机械抽样,它是首先将总体中各单位按一定顺序编号,根据样本数量要求确定一个间隔,在第一个间隔随机确定起点,然后按照固定的间距抽取一个单位组成样本的抽样方式。它的具体做法是:①将总体的所有个体按顺序编号;②计算抽样间距 $K,K=N/n,N$ 是总体规模,n 是样本规模,例如,从 100 个个体中抽取 10 个,则 $K=100/10=10$;③在头 10 个个体中随机抽取 1 个数字 a,假设为 6;④从 a 开始,每隔 K 个数字抽取 1 个个体作为样本,$a,a+K,a+2K,\cdots,a+(n-1)K$,即编码为 6,16,26,$\cdots$,96 的个体就是我们的样本。

3. 分层抽样

分层抽样是指先将总体中所有单位按某种特征或标志划分为若干类型或层次,然后再在各个类型或层次中采用简单随机抽样或系统抽样的方法抽取一个子样本,将其合成样本的抽样方式。分层抽样操作过程中的分层或分类步骤和定额抽样相同,就是最后从各个类型中抽样时,分层抽样采用的是概率抽样,定额抽样采用的是非概率抽样。

分层抽样的优点:一是能够在不断增加样本规模的前提下,降低抽样的误差,提高抽样的精度;二是便于了解总体内不同层次的情况,便于对总体不同的层次或类别进行单独研究。

4. 整群抽样和多级整群抽样

整群抽样是指将总体按某种标准划分为一些子群,每个子群为一个抽样单位,用随机方法从中抽若干子群,将抽出的子群中的所有个体结合起来构成样本的抽样方式。例如,要对某高校学生进行抽样,我们可以以班级为抽样单位,假设该校有 300 个班级,每班有 30 位学生,那我们对这 300 个班级进行编码,从中随机抽取 10 个班级,这 10 个班级的所有学生就是我们的样本。

当群与群之间的差异比较小,子群内部的异质性比较大时,比较适合采用整群抽样,特别是总体的抽样框比较难获得的时候。它的优点是实施方便、节省经费;缺点是往往会由于不同群之间的差异较大,而引起的抽样误差往往大于简单随机抽样。

还是高校学生抽样这个例子,如果全校所有班级的名单不容易获得,我们还可以按照隶属关系,把抽样分成几个阶段:大学—学院—班级,从所有的学院中随机抽取 2 个,在每个抽中的学院里,分别随机抽取 5 个班级,最后这 10 个班级的所有学生就是我们的样本。这种按照抽样元素的隶属关系或层次关系,把抽样分为几个阶段进行的整群抽样称为多级整群抽样。多级整群抽样的每级都会有误差,故误差较大。

(二)抽样误差

随机抽样调查的目的是用统计值来估计或推断参数值,在估计和推断的时候,统计值与实际参数值之间的差距就是误差。误差的来源有两种,一种是由于调查中各种人为操作或者测量工具内在的效度、信度问题而产生的误差;另外一种是由于抽样过程所产生的误差,与总体的分布、样本的规模和抽样方法等因素有关,称为抽样误差。

样本规模越大,误差越小,但相应的调查费用也随之增大。我们应该根据研究所能接受的精度和经费限制来选择合理的样本规模。根据统计学原理,在95%的置信度下,样本的规模和容许的抽样误差如表4-2所示。

表4-2　95%置信水平下不同抽样误差所要求的样本规模

抽样误差	样本规模 n	抽样误差	样本规模 n
1.0	10000	5.5	330
1.5	4500	6.0	277
2.0	2500	6.5	237
2.5	1600	7.0	204
3.0	1100	7.5	178
3.5	816	8.0	156
4.0	625	8.5	138
4.5	494	9.0	123
5.0	400	9.5	110
		10.0	100

第二节　调查问卷的设计

问卷是收集资料的直接工具,"工欲善其事,必先利其器",只有设计精良的问卷才能帮助我们获得准确的信息,问卷也是评估研究的信度和效度的关键,否则我们的调查可能南辕北辙,花费了很多人力物力,最终却不能达到想要的结果。

一、问卷的结构和内容

一张问卷一般由标题、封面信、指导语、主体(问题及答案)、结语、调查实施记录等几个部分组成。

(一)标题

每份问卷都有一个标题,标题里一般需要说明调查对象和大致的调查内容,例如"高校教师职业满意度调查"、"××医院医患沟通现状调查"、"流动人口社会支持系统调查"等。

（二）封面信

标题之后，问卷主体之前还需要一段写给被调查对象的短信，说明调查者的身份，调查的内容、目的、意义，被调查对象是如何挑选出来的，调查数据的用途和保密的方式，对被调查对象的感谢，落款及时间等内容。封面信的篇幅不能太长，文字要简洁、准确，语气要谦虚、诚恳。封面信将调查目的明确告诉被调查对象，让他们知道该项研究的意义和自身回答对整个调查结果的重要性，可以提高他们填写问卷的积极性。保密措施、调查者的身份、联系方式等可以增强调查的严肃性，打消被调查对象的心理顾虑。封面信如表 4 - 3 所示。

表 4 - 3　调查问卷封面信示例

问卷编号：　　　　　　　　　　　　　　调查员编号：
大学生寝室人际关系调查问卷
亲爱的同学：
您好！
为了了解大学生的寝室生活和人际关系，促进和谐校园的建设，我们在温州地区 3 所高校开展了这项调查。本调查完全匿名，所有个人信息将不会被泄露。作为温州高校学生的代表之一，您的回答将用于研究和相关政策的制定，答案没有对错之分，请根据实际情况填写。
问卷大约会耽误您 10 分钟的时间，送您一件小小的礼物，感谢您的支持与合作！
<div align="right">温州"大学生寝室人际关系"调查组 2014 年 5 月 30 日 负责人：温州医科大学人文与管理学院 2013 级×××同学 联系电话：159×××××××××　　E-mail：××××@163.com</div>

（三）指导语

问卷中的指导语是用来告诉被调查者如何正确填写问卷的说明的。指导语既可以放在封面信之后，集中对问卷的填写方法、要求、注意事项等加以总的说明，例如"答案没有正确错误之分，请根据您的情况如实填写"、"如无特殊说明，每个问题只能选择 1 个答案"、"请在符合情况的答案处打钩"等等；也可以放在某类或某个需要特别说明的问题之前，对该类问题的填写加以说明，例如"该题为多项选择题，最多可以填写 3 个答案"、"如果本题选 a，请跳过第 9～12 题，直接从第 13 题开始作答"。

（四）问题及答案

这是问卷的主体部分，我们通过问题和被调查者选择的答案来获得研究资料,包括调查对象的个人资料和调查核心内容。在个人资料部分,一般有性别、年龄、文化程度、职业、民族、经济收入等。

调查核心内容是调查的主要目的,它可以分为封闭式问题和开放式问题。封闭式问题是调查者在提出问题的同时,还将问题的一切可能答案列出来,由被调查对象从中选出一个或几个答案,不能填写备选答案以外的回答。封闭式问题的优点是被调查对象填写方便,能节约时间,也有利于调查人员事后对答案进行数字化编码以进行统计和分析。它的缺点是对调查者问卷设计的技术要求比较高,而且在调查中无法得到答案以外更进一步的详细资料。开放式问题是调查者只提出问题,不提供任何具体答案,允许被调查者根据客观实际情况不受限制地填写答案。开放式问题的优点是被调查对象可以充分发表自己的意见,调查人员也可以得到许多生动具体、翔实丰富的研究信息。它对被调查者的文字表达能力有较高的要求,而且花费的时间和精力较多,可能引起被调查者的反感而放弃填答。同时,由于开放式问题的答案是文字资料,难以进行数字化,事后的整理、分析也比较困难。一般来说,开放式问题数量不能太多,而且要放在问卷的最后。

问题的形式主要有这样几种:

(1)填空题。例如:

您家里有_____台电脑。

(2)判断题。例如:

选择朋友的一个重要标准是具有助人为乐的品德,您同意这个说法吗?

同意□   不同意□

您是党员吗?

是□   不是□

(3)选择题。例如:

您的文化程度是:

小学及以下□   初中□   高中或中专□   专科□

本科□   研究生及以上□

您主要从哪些渠道获取健康信息(多选题,限选 3 个)?

A. 互联网

B. 电视节目(如养生堂、健康之路等)

C. 报纸、杂志、书籍

D. 政府发放的健康宣传材料(如宣传栏、小册子等)

E. 亲朋好友

F. 医生、药师

G. 其他

(4) 矩阵式或表格式题目。我们可以把相同主题、结构类似的题目放在一起组成矩阵或者表格,这种题目类型的优点是节约空间,如表4-4所示。

表4-4　矩阵题示例

参加转基因食品品尝会,我获得了更多的科学知识	5	4	3	2	1
参加转基因食品品尝会,我认识了更多志同道合的朋友	5	4	3	2	1
参加转基因食品品尝会,我坚定了热爱科学的信念	5	4	3	2	1
参加转基因食品品尝会,我提高了自我价值感和个人成就感	5	4	3	2	1
参加转基因食品品尝会后,我更乐意传播转基因及其他科学知识	5	4	3	2	1

在如表4-4所示的陈述当中,数字5代表您非常符合描述的情况,1代表一点也不符合,从5到1按顺序递减,请按照实际情况选择您在量表中的位置。

(5) 语义差异题。如表4-5所示。

表4-5　请描述您对中国传统医药的看法

无效	1	2	3	4	5	有效
危险	1	2	3	4	5	安全
愚昧	1	2	3	4	5	智慧
糟粕	1	2	3	4	5	精华

(6) 关联式问题。如果某些问题只适用于一部分被调查对象,是否需要答题要根据前面题目的答案,我们把这种问题称为关联式问题。例如:

您的婚姻状态是:

未婚□　　　　已婚□　　　　离异□　　　　丧偶□

如果您已婚或曾经结婚,您的初婚年龄是_____岁。

设计问卷的答案时,有两项非常重要的原则需要注意,其一是答案的穷尽性,也就是说,备选答案要包含所有的可能性,不能有遗漏。例如:

您最喜欢阅读哪一类书籍?

健康类□　　　　金融财经类□　　　　漫画□　　　　小说□

在这个例子中,书籍的种类是很多的,除了答案提到的这些类别之外,还有很多其他种类,因此如果被调查对象喜欢的不是这几种的话,他就无法准确地回答这个题目，从而影响调查的可靠性。为了避免这种情况，我们除了把自己所能想到的最主要的答案列上去之外，还应该加一个选项"其他"。

另外一个设计答案的原则是互斥性，即答案与答案之间不能有交叉重叠，或互相包含的情况。例如：

您认为传播健康信息最有效的渠道是：

A. 互联网

B. 人人网、微博等社交媒体

C. 大众媒体

D. 报纸、杂志、书籍

E. 医生

F. 专业人员

G. 其他

这个例子里，互联网包含了人人网等社交网站，大众媒体则是互联网、电视、报纸、书籍的总称，医生也是专业人员之一。几个答案之间不具有互斥性，导致被调查者无法选择合适的答案。

（五）结语

在被调查者完成问卷的时候，我们要再次对他们的协助表示感谢。例如在问卷的最后加上"衷心感谢"、"访问结束，再次感谢您的帮助"等结束语。

（六）调查实施记录

调查实施记录主要有问卷编码、调查员编号、调查时间、调查地点、被调查对象的地址和联系方式等，这些记录信息可以放在问卷的前面或者后面，主要用来控制问卷的质量，万一问卷出现误填或漏填，还可以联系被调查对象加以补充完善。

二、问卷设计的原则和技巧

调查不是研究人员单方面努力就能完成任务的，我们要想从被调查对象那里获得资料，需要对方的支持。填写问卷对被调查对象来说是一种额外负担，他们既可能采取合作的态度，也可能采取直接抵抗或消极抵触行为。因此，问卷设计最基本的原则就是为被调查者着想。在这个大原则之下，我们可以从以下几个方面去考虑问题：

（一）被调查对象的能力

我们在设计问卷的时候要考虑被调查对象有没有相应的完成问卷的能力。完成问卷的能力包括文字阅读和表达能力，因此，我们要注意被调查对象的身份,使用与他们的文化水平相适应的表达文字,尽量简洁、清楚、直接,可以多用简单句式,少用复杂句,禁用双重否定句。除了文字能力之外,我们还要考虑被调查对象的记忆能力、计算能力和理解能力。例如,"去年你们家买衣服一共花了多少钱"、"你的价值观是什么"、"你认为中国社会当前面临的最大问题是什么",类似的问题很难回答,即使被调查对象回答了,其信度和效度也很差。

（二）被调查对象的意愿

问卷设计要提高被调查对象的答题意愿,抚慰他们的抵触心理,主要是指:①问卷内容要简明,没有价值或无关紧要的问题不要列入,力求以最少的题目获得所必需的完整信息资料。②调查时间不能过长,问卷太长、题目太多会招致被调查对象的反感,实在有必要的时候可以赠送一些小礼物表示感谢。一般来说,没有酬劳的问卷最多不要超过一页 A4 纸的长度。③问卷的形式要精美,排版漂亮,字体、字号、行间距合适,阅读感觉良好。

（三）注意隐私和敏感问题

问卷中可能会有一些个人隐私和敏感性话题被调查对象不愿意或者不便公开表态,例如关于婚前性行为、考试作弊、卖淫嫖娼等越轨行为方面的问题,一些价值观与主流社会不一致的被调查对象可能由于从众压力拒绝回答真实意愿而导致结果失真。

处理该类问题时,一是要说明保密措施,消除对方的顾虑;二是使用一些语言技巧来减轻被调查对象的心理压力。①转移法,即采用第三人称方式提问,将本该被调查者根据自己情况回答的问题,转移到被调查者根据他人情况来阐述自己的想法。例如:"有些同学在考试中作弊,您知道都有什么原因促使他们作弊吗?"如直接提问"您考试作弊吗",可能会引起其心理防卫而拒绝回答,采用转移法将被调查者的视线转移到其他人身上,降低了其心理防卫从而提高答案准确率。②解释法,即在提出敏感性问题时声明这种行为或态度是常见的,以此来拉近与被调查者的距离。例如:"现在许多人都患有痔疮方面的问题,请问您有这方面的困扰吗?"如果直接提问"您有痔疮吗",则被调查者可能会出于个人隐私保密而不愿意回答,采用解释法让他知道患有痔疮是许多人面对的共同问题,不是他一人独有,从而获得较为真实的答案。③假定法,即用一个假设性的条件句作为问题的前提,然后再询问对方的观点。例如:"如果不考虑政策限制,您愿意生育几个孩子?"④模糊法,即对某些敏感问题设计出一些区间答案,以便被调查者做出真实的回答。例如,年龄可能许多人不愿做出具体回答,则可以设计成区间段:

您的年龄是：

①18 岁及以下 　　②19～25 岁 　　③26～40 岁

④41～60 岁 　　　⑤61 岁及以上

类似的,关于收入和财产的问题也可以如此处理。敏感问题的顺序,以放在问卷靠后为宜。

三、问卷设计的步骤

(一)准备工作

准备工作包括：①研究设计。研究设计即设计调查的目的、内容、方法,关键概念,如何对关键概念进行操作化,有没有建立相关的假设,如何验证假设等,调查人员对整个研究的轮廓要心中有数。②文献调研。了解前人在这个选题的研究,收集他们使用的研究方法和问卷设计,分析其优点和不足之处,根据自己的实际借鉴有用的经验。③初步探索。特别是对一些不熟悉的选题,我们要对被调查对象做一些初步的访谈,从各个方面了解该选题的基本情况。

(二)设计初稿

设计初稿的方法主要有两种,第一种是头脑风暴法。即调查组成员聚在一起,创造融洽、轻松的会议气氛,每个人都能畅所欲言、自由联想和讨论,先不管问题的质量,也不要批评任何人的发言,由专人把所有想到的问题都记录下来。然后再仔细审查问题,进行必要的修改,删除重复多余的问题,补充尚未想到的问题,最终形成问卷。第二种方法是先列出问卷的大纲,也就是问卷必须包含的几个内容,每个方面的内容根据研究目的分配一定量的题目,然后在这些内容子块中填充所需要的问题,最后检查、调整修改并成稿。

(三)评审和试用

问卷初稿出来以后,可以请相关领域的专家审查一下,提一些意见和建议,看看是否有一些不妥当的地方。另外,问卷的试用非常重要,抽取一些具有代表性的被调查对象,请他们完成问卷并对问卷发表看法,这样可以发现很多不当之处。试用的规模跟调查的规模相关,调查规模越大,试用的人数也要升高。一般的小型调查可以控制在 10～30 人。问卷的试用可以提高问卷质量,避免人规模发放以后才发现问题,到时候再修改会引起巨大的浪费。

(四)修改并定稿

根据专家和被调查者返回的意见修改问卷,如果有必要的话,这个阶段可以循环,直至最终完成问卷终稿并印制。

第三节　问卷发放与回收

样本选取出来,问卷设计完成,接下来就可以通过各种方法和途径联系(例如通过当地政府部门、私人关系或者直接联系)被调查对象,把问卷发放给他们,从而获得研究资料。

一、问卷发放的方法

（一）个别发放法

个别发放法是指问卷印制好以后,调查员根据所抽取出来的样本名单,将调查问卷逐个递送到被调查对象手中,同时向他们介绍调查的意义和填写说明,请他们帮助填答,并约定收取问卷的时间、地点和方式,最后按照约定回收填好的问卷的方法。个别发送法有两种形式,一种是发送后让被调查对象自己独立填答;另一种是现场填答,如果有问题调查人员可以随时指导,问卷填完后立刻回收。独立填答的花费时间长,但是保密性好。不管是现场作答还是独立填答,调查人员在回收问卷的时候最好设置一定的保护措施,例如使用封闭的纸箱之类的,以保护被调查对象的个人信息。

（二）集中填答法

集中填答法是指把调查对象集中到一个地方,由主持人解说调查的目的、意义和填写方法等,然后由被调查对象填写问卷,问卷填完后统一回收的方法。被调查对象填写问卷的时候如果有问题,可以向主持人咨询,但不能彼此交流,以避免互相影响。调查人员在回收问卷的时候要使用密封的回收箱,以消除被调查对象的心理顾虑。集中填答法的优点是一次性可调查很多对象,大大节约调查时间和调查费用。现场有人讲解答疑,能保证较高的回收率和填答质量。它的缺点是不是所有的调查对象都能集中到一起,如果被调查对象异质性高、分布范围广,则很难集中到一起。另外,集体填答的时候也要注意避免"优势意见"和"从众效应"的产生。

（三）邮寄填答法

邮寄填答法是指研究人员通过邮局把调查问卷寄给被调查对象,等被调查对象填答后再自己将问卷寄回到调查机构或调查者的方法。在寄问卷时,研究人员一般需要同时附上已写好回邮地址和收信人(或收信单位)且贴好足够邮资的信封,以便于被调查对象将填答好的问卷寄回。邮寄问卷由于不需要派人发送、回收问卷,因此调查花费的时间和物力是最少的。但是邮寄问卷的前提是需要掌握被调查对象的地址,这在实际研究中可能难以获得。另外,邮寄填答法最大的一个问题是回收率很难保证,被调查对象收到问卷以后,可能会由于各种主观或客观因素不能填答或者放弃寄回。针对这种情况,我们一方面可以对调查的意义和重要性进行解释,另一方面还需要通过信件、电话等方式定时催促被调查者及时完成问卷并寄回。

（四）电话调查法

电话调查法是指调查人员根据事先设计的问卷,通过电话访问被调查对象,并且把答案记录下来,输入到计算机软件中的方法。电话调查法是非常常见的资料收集方法之一,其优点是花费少、效率高、范围广。在实际研究中,使用电话调查法要注意以下方面：

（1）电话调查时间较短,适合简单、容易理解的问题,不适合深入的、需要长时间思考的问题。

（2）需要注意电话调查的被访者与我们的研究总体是不是一致的。例如,如果我们要研究的是城市居民消费行为,抽样框是该城市的电话号码簿。此时我们就要注意到：不是所有的家庭都有电话,也不是所有拥有电话的家庭号码都会出现在这个本子上,或者本子上还有很多电话不是家庭电话,而是其他社会组织的电话。因此,我们要注意样本的选取和代表性,小心谨慎地推论调查结果。

（3）调查员的声音、语调、口气会对被调查对象产生影响,要注意对调查员进行相关培训,注意发音清晰、口气亲切、声调平和。

（4）电话调查容易中断,被调查对象中途可能会有其他事情干扰调查的继续,注意挑选合适的访问时间和控制时间长度,同时应注意事先培训调查员电话访问过程中可能出现的各种问题的应对办法。

（五）网络调查法

网络调查法是指利用互联网发布调查问卷来收集、整理、分析研究资料的方法。随着信息技术的发展,网络调查法的应用也越来越广泛。互联网本身所具有的特性,使得网络调查法具有传统调查手段没有的一些独特的特点和优势。

（1）费用低廉。在传统的调查方式中,问卷发送、问卷回收、问卷录入的各个环节都需要耗费大量的人力和物力,网络调查法通过电子邮件发送问卷地址或者直接挂在网页上,问卷的发送和回收相对方便快捷,且答案不需要人工录入。

（2）节约时间。传统调查周期长,往往要花几个月甚至几年的时间,网络调查法由于突破了时间和地点的限制,可以在被调查对象方便的时候完成问卷调查,且无须录入这一环节。经过计算机分析软件自动处理后,可以马上得出初步调查结论,有的网络调查还能即时显示调查结果。

(3)匿名性好。网络调查一般都是匿名的,因此,被调查对象对于一些敏感性、隐私性、威胁性的问题防卫心理不强,调查质量比较高。

(4)样本的代表性差。参加调查的样本很难衡量其代表性,特别是一些开放式的网络调查,任何网民都可以进行投票,且通常积极投票的是对研究主题感兴趣的网民,那些不感兴趣的、不够主动的网民的意见无法获得,这就使调查结果产生了一定的偏差。而且,我们要注意到,不是所有的人都能上网,即使上网了也不一定有机会看到问卷,看到问卷也不一定会参加调查,所以,对于开放式的网络调查得出的结论我们一定要审慎,不要过度推论。

二、问卷回收

问卷的回收率是指回收的问卷数量占发放的问卷数量的百分比,即:

问卷的回收率＝回收的问卷数量/发放的问卷数量×100％

问卷的有效回收率则是剔除误填、漏填等无效问卷后的有效问卷数量占发放的问卷数量的百分比,即:

问卷的有效回收率＝有效问卷数量/发放的问卷数量×100％

回收率是用来判断样本代表性的一个指标,当回收率过低时,可能是因为一些被调查对象无法看懂问卷,或者是因为被调查对象的流动性较大而无法回收问卷等,因此调查结果的总体代表性就会受到破坏和影响。如同案例4-1所述,发出了1000万份问卷,仅回收了200万份,回收率只有20％,这也是《文学文摘》预测失败的重要原因之一。

回收率多少可以接受呢? 美国学者巴比认为,一般来说,要进行分析和报告撰写,问卷回收率至少要有50％才是足够的,要至少达到60％的回收率才算是好的,如果达到了70％,则是非常好。我国学者风笑天则认为,如果回收率低于样本总量的2/3,调查结果就有可能出现大的偏差。因此,当一项调查的回收率低于这一比例时,研究人员就应该说明是哪些被调查对象没有回应,并分析说明其可能产生的误差。

那是不是回收率越高,就说明样本的代表性越好呢? 在实际研究中,过高的回收率并不一定是件好事。因为现实中的社会调查总是会遇到填答困难、被调查对象联系不上等困难和挑战。在这些困难和挑战面前,如果一味追求高回收率,调查员可能在调查对象抽取、调查访问实施等操作环节中进行若干改变或替换,例如"样本户拒访或无人在家时,临时改为就近抽取邻居家庭;问卷中有些问题不易为被访者理解,调查员主动代为填答以保证问卷的完整性"等。这些改变和替换虽然表面上保证了较高的回收率,实际上却降低了调查资料的代表性和质量,扭曲了真实。因此,我们也要警惕那些回收率过高的调查研究。

三、质量监控

为了保证问卷完成的质量,我们通常需要事先召开调查员会议培训基本知识,介绍研究的目的、意义、调查方法、注意事项以及负责人的联系方式等;定期召集调查员汇报任务完成情况和遇到的问题;每天完成的问卷要及时审核,并使用问卷编号随机抽查以保证问卷的完成质量;如果有效样本数量不足,要在调查结束之前及时补充调查。

☞ **实验思考题**

1. 请尝试设计一份研究大学生网购习惯的调查问卷。

2. 在专业问卷调查网站发布一份问卷,至少邀请 30 位网友回答你的问卷,并查看调查结果。

3. 阅读材料后回答问题。

《环球时报》独家调查:中国人如何看中美关系

中国人如何看美国,如何看美国人和中美关系;美国人如何看中国、中国人及中美关系,是中美两国外交界和学术界都非常关心的中美关系的大问题。关于中国人的看法,媒体已经有不少报道,但往往缺乏建立在调查基础上的研究。在中国传统的元宵节前后,本报在中国社会科学院美国研究所和专业调查公司的帮助下,在中国五大城市做了一次严格意义上的民意调查。

2 月 27 日,所有调查数据已全部统计出来,结果显示:

在这些城市的居民中,对中美关系感到一般满意、满意和非常满意的分别占 51.9%、18% 和 1%,三者相加,满意率高达 70.9%。

一般喜欢和喜欢美国人的占了大多数,其比率分别为 52.9%、13.2%,两者相加为 66.1%。

49.2% 的被访者认为美国是中国的竞争对手,同时,将美国视为友好国家、学习榜样、合作对象的,分别占 10.4％、11.7％、25.6％,三者相加也有 47.7％……

这次《环球时报》中美关系民意调查是在北京、上海、广州、武汉、重庆五大城市进行的。《人民日报》国际部副主任、前任驻美国记者丁刚,中国社会科学院美国研究所的李晓岗博士和《环球时报》有关人员一起,为调查问卷的设计倾注了大量心血。中国社科院美国所的王缉思所长也对调查问卷最终定稿提供了意见。本次调查共有 22 个问题,由慧聪研究中心负责执行调查。

调查采用先随机抽样,再由专业调查员入户访问的方式进行,整个调查的有效样本量为 1175 人。调查公司在五大城市共出动了近百名专业调查人员,每户的访问时间在半个小时左右。调查界的专家了解了此次民意调查的全过程后,认为从调查专业的角度来看,这次民意调查具备了充分的科学性和客观性。

资料来源: http://news.sina.com.cn/c/2005-03-02/09405969427.shtml.

(1) 本调查能代表中国人吗? 谁的意见没有被反映出来?

(2) 如果作为正式的调查报告,该怎样介绍抽样过程?

☞ **实验教学附件**

附件 4-1　常用的问卷调查网站

问卷星:http://www.sojump.com/

调查派:http://www.diaochapai.com/

问卷网:http://www.wenjuan.com/

第一调查网:http://www.1diaocha.com/

OQSS:http://www.oqss.com/

附件 4-2　调查问卷示例 ——转基因食品品尝会志愿者调查问卷

基本信息

1. 您的性别:(1) 男　(2) 女

2. 您的年龄:(1) 18岁以下　(2) 18~24岁　(3) 25~30岁　(4) 31~35岁　(5) 36~40岁　(6) 41~50岁　(7) 51~60岁　(8) 60岁以上

3. 您的学历：(1) 高中及以下　(2) 中专或大学专科　(3) 大学本科
(4) 硕士及以上

4. 您的年收入：(1) 3 万以下　(2) 3 万及以上～6 万以下　(3) 6 万及
以上～10 万以下　(4) 10 万及以上～15 万以下　(5) 15 万及以上

5. 您现在的职业：(1) 学生　(2) 企业单位工作人员　(3) 学校教师及
行政人员　(4) 国家机关、党群组织工作人员　(5) 事业单位工作人员
(6) 自由职业　(7) 农民　(8) 无业　(9) 其他(包括军人)

在以下问题 6～10 中，答案 5 代表非常符合描述的情况，答案 1 代表完全
不符合，从 5 到 1 按顺序递减，请按照实际情况选择您在量表中的位置。

6. 我对我目前的生活很满意	5	4	3	2	1
7. 在生活中，别人经常向我寻求建议	5	4	3	2	1
8. 在生活中，我有很多表达自己观点的机会	5	4	3	2	1
9. 我觉得自己是科学爱好者的一员	5	4	3	2	1
10. 我对其他科学爱好者有一种亲切感	5	4	3	2	1

传播行为

在过去的一年里，您是否有过下述活动？答案 5 代表经常有，答案 1 代表
没有，从 5 到 1 按顺序递减，请按照实际情况选择您在量表中的位置。

1. 我经常观看电视中的科学节目	5	4	3	2	1
2. 我经常收听广播电台的科学节目	5	4	3	2	1
3. 我经常阅读科普出版物	5	4	3	2	1
4. 我经常观看科普画廊或者参观科学馆	5	4	3	2	1
5. 我经常在互联网上浏览科技信息	5	4	3	2	1

6. 我支持转基因食品最主要的原因是
(1) 通过对转基因食品原理的了解，懂得了它们的安全性、可靠性、必要性等
(2) 我所信任的专家和科普人士认为它们是安全的
(3) 我所信任的媒体认为它们是安全的
(4) 身边亲朋好友告诉我它们是安全的

在以下问题 7～13 中，答案 5 代表非常符合描述的情况，答案 1 代表一点
也不符合，从 5 到 1 按顺序递减，请按照实际情况选择您在量表中的位置。

7. 在日常生活中,我经常向亲友、同事等人介绍转基因知识

　　　　　　　　　　　　　5　　4　　3　　2　　1

8. 我经常向亲友、同事等人宣称自己支持转基因的观点

　　　　　　　　　　　　　5　　4　　3　　2　　1

9. 在关于转基因问题的讨论中,我会为自己的观点据理力争,公开反驳不科学的观点

　　　　　　　　　　　　　5　　4　　3　　2　　1

10. 跟其他人讨论转基因问题时,我可以列举出很多科学家的观点和相关信息

　　　　　　　　　　　　　5　　4　　3　　2　　1

11. 在关于转基因问题的讨论中,下面哪种情况发生得最多

我告诉朋友关于转基因的信息　　　　我的朋友告诉我关于转基因的信息

5　　4　　3　　2　　1　　　　　　　5　　4　　3　　2　　1

12. 在关于转基因食品的讨论中,下面哪种情况发生得最多

我倾向于听从朋友的观点　　　　　　说服朋友相信自己的观点

5　　4　　3　　2　　1　　　　　　　5　　4　　3　　2　　1

13. 总体而言,我经常很少给别人提出建议

　　　　　　　　　　　　　5　　4　　3　　2　　1

传播效果

1. 最近半年以来,已经有多少人因为我的宣传增加了关于转基因食品的科学知识

(1) 0 人　(2) 1～3 人　(3) 4～6 人　(4) 7～10 人　(5) 11 人以上

2. 最近半年以来,已经有多少人因为我的宣传改变了对转基因食品的态度

(1) 0 人　(2) 1～3 人　(3) 4～6 人　(4) 7～10 人　(5) 11 人以上

3. 最近半年以来,已经有多少人因为我的宣传改变了自己的行为,例如开始主动购买转基因食品

(1) 0 人　(2) 1～3 人　(3) 4～6 人　(4) 7～10 人　(5) 11 人以上

在以下问题 4～8 中,答案 5 代表非常符合描述的情况,答案 1 代表一点也不符合,从 5 到 1 按顺序递减,请按照实际情况选择您在量表中的位置。

4. 参加转基因食品品尝会,我获得了更多的科学知识

                                                      5   4   3   2   1

5. 参加转基因食品品尝会,我认识了更多志同道合的朋友

                                                      5   4   3   2   1

6. 参加转基因食品品尝会,我坚定了热爱科学的信念

                                                5   4   3   2   1

7. 参加转基因食品品尝会,我提高了自我价值感和个人成就感

                                              5   4   3   2   1

8. 参加转基因食品品尝会,我更乐意向周边的人传播转基因及其他科学知识   5   4   3   2   1

9. 参加转基因食品品尝会,我还有一些其他的收获或感受

_____

10. 关于转基因食品的科普或者其他有关科学普及的任何方面,我还有一些想法

_____

调查到此结束,再次感谢您的参与!

第五章

观察法与资料分析

☞ **实验教学目的**

1. 系统学习观察法的概念和原理,学会在社会调查实践中扬长避短、灵活而专业地运用观察法。

2. 对不同类型的观察具有初步的了解并掌握一定的实践观察能力。

3. 了解观察法的特点及误差。

4. 掌握观察法的概念、作用、分类、操作步骤和操作技巧。

☞ **实验教学内容**

1. 观察法的含义与类型。

2. 采用观察法进行研究的步骤与技巧。

3. 参与观察法的主要优点与局限性。

第一节 观察法的含义与类型

一、观察法的含义

观察是我们日常生活中经常广泛采用的一种活动方式,我们从清早出门观察天气状况,到在上班时乘坐的公交车上对别人脸色行为的观察都是日常生活中实践的行为。但是社会调查中的观察是一种科学的观察,科学的观察有几个特征:有一定的研究目的或研究方向,预先有一定的理论准备和较系统的观察计划,有较系统的观察或测量记录,且观测结果可以被重复验证,观察者受过一定的专业训练。我们必须把日常生活中的观察与经过系统科学训练的观察区别开来。所谓的观察法,是指观察者在不改变观察对象的性质和进程的自然状态下,通过自己的感觉器官或借助科学仪器,直接感知与记录正在发生的一切同观察对象与观察目标有关的社会事务或现象的状况及其变化,从而直接收集资料的社会调查研究的方法。陈向明从后现代主义的角度对观察进行了重新定义,认为观察是观察主体与观察的对象之间共同建构的过程,并特别强调了观察者的态度、立场、观点决定着观察的视角,甚至重新定义事实。也就是说,观察者所选择的研究问题、个人的经历和前设、与所观察事物之间的关系都会影响到观察的实施和结果。总之,观察法是研究者亲自深入社会现象发生、发展的现场,亲自与其一道进行社会实践,从而获得第一手原始资料的实地研究方法。观察是根据一定的调查目的,利用研究者的感觉器官或辅以仪器手段,直接观察并记录自然状态下的社会事实。

观察法是作为主体的人进行社会调查时,不断与对象进行交互反应的一种调查方式。大学生进行社会调查经常会调动自己的感觉器官,进行思考,这其实就是在观察。例如,当医学院的学生作为调查者进入某家医院时,他们看到医院的患者数量,仔细打量医院咨询人员的态度以及这家医院的建筑格局,这些就是在观察。从外在的医院建筑可以看到医院的规模,从医院的宣传栏中了解到医院的一些简历,从咨询台服务员的态度中又可以了解到该院的服务质量。这些细微的观察有助于调查者在较短时间内把握住医院的一些特征。当然,他们在运用观察法的时候其实并没有进行方法论上的反思,他们在进行社会观察的时候往往以自己的主观态度来判定一些社会现象的发生,有的甚至会站在自己的价值观去看待问题。所以,在运用调查法的时候,大学生同样也要对自己的价值态度保持警觉。观察法是在访谈过程中或者在与他人的互动过程中,运用和调动自己的感知器官仔细进行记录的过程。显而易见,观察是大学生进行资料收集的主要手段之一。大学生进行社会调查在开始一般都是访谈和观察的结合,而观察法的运用是调查者应该自觉培养的。尤其是在大学生的社会实习中,观察成为他们获取资料最经常运用的手段。医科学校学生的实习场所以医院为主,在医院实习期间,他们就成为医院中的一员,作为临时成员来观察医生及其医院的工作运行状况。他们的身份具有双重性,既作为即将毕业的离校大学生,又作为医院的临时工。正是这份员工的性质,让他们具有了参与式观察的性质,近距离观看了医院员工的工作状态。

当大学生自觉地把自己作为一个观察者来看待的时候,他们在开始时往往会经历一些内在的心理冲突。有些同学进入医院之后,他们观察到医院的实际运行与自己原先的设想存在着较大的出入,于是就会带来观察的波动性。不少同学在进入医院实习之后,出现了个人情绪的问题,作为一个观察者一定要摆脱这种影响,及时调整自己的心态,尽量客观、如实地去记录这些现象。

二、观察的类型

由于研究目的与手段存在着巨大的差异,观察者采取的观察方式也存在着巨大的差别。根据不同的分类标准可以对观察进行分类,例如按照观察的场所进行划分,或者按照观察者或者观察对象等都可以进行适当的分类。

（一）实验室观察与实地观察

许多学校都设有观察实验室,其目的是为了让学生们更加细微地进行学习和临摹。实验室观察设备通常包括单向透镜、摄像机、录音机等。这些设备都是为了最大程度上实现观察的全面性和整体性。实验室观察运用在教育学上的研究比较多,例如实验室小组游戏和活动,就可以让老师有一个整体观察学生人际关系的机会,从中发现哪些学生能很快地融入小组中,而哪些学生可能迟迟不能进入小组中,并且很难与其他人结成小组,这说明这样的学生性格比较内向,可能需要进行心理辅导。实验室观察比较适合个案心理调查,而一旦要调查一些宏观社会现象的时候,就不可能把这些东西都搬进实验室。

在我们所进行的实验室观察中,尤其是单向透镜的实验室设置,给我们提供了一个观察他人访谈语言、表情和态度的机会。我们采取这种方法是为了更加细致和具体地了解某些人内心的心理情绪反应,尤其是对医患关系的处理以及某些心理疾病的患者。

社会现象的观察不仅仅只是局限于实验室,某些自然场所也可以成为自然实验室,一所学校、一所医院,或者一个村落,都可以成为观察的平台。这些实际场合所衍生出来的社会现象是真实存在发生的,每天所演绎的事件就是一个自然过程。由于自然场合的重复性,这使得人们的观察结果可以在生活事件的重复中得到确认。

（二）参与式观察与非参与式观察

在参与式观察中,观察者与被观察者一起生活、工作,在密切的相互接触和直接体验中倾听和观看他们的言行,也就是说,观察者要与被观察者同吃同住同劳动,与对方建立起亲密友好的关系,直至被观察对象所在群体接纳为其内部成员。所谓参与式观察,是指观察者亲自投身到所观察的社会现象和社会生活中去,在自身成为社会生活中各种活动的一员的同时所进行的观察。虽然参与式观察并没有严格的界限,但是对研究者的进入却有一种条件,即研究者与被研究者融入性的问题,是参与式观察的重要标志。非参与式观察就是观察者置身于所观察的对象之外,冷眼旁观研究对象的活动和表现。非参与式观察一般都是与研究者保持着某种心理距离,在非参与式观察中,研究者可能要自己承担起个人的生活食宿问题,他们把自己通过感官接触到的一些感性东西进行理性思考,并且从思考的角度提出问题,从而把一些现象性的东西上升到理论程度。

参与式观察与非参与式观察并没有严格的界限,在观察当中,观察者与被观察者会随着情境的变化而发生角色关系的变化。例如,在大学生进行社会调查的过程当中,一开始他们作为外来者,是以非参与式观察的方式关注当地的社会全貌。但是一段时间之后,随着大学生社会调查的深入,他们就成了社区的成员之一,于是自然就发生了角色的变化,他们融入社区,与该社区成员互动,并与社区成员之间产生认同。参与式观察与非参与式观察这两种观察类型各自有自己的优劣。参与式观察可以较为同情性地理解自己的研究对象,研究较为深入;但是其缺点也比较明显,即观察者的参与影响了原先的自然状态,造成了人们的生活改变,管理学上有个著名的实验"霍桑效应"就是讲的这个知识。非参与式观察则比较客观,研究者与研究对象没有主体之间的纠葛关系,但是这同时也容易产生研究的伦理性问题。

(三)结构式观察与非结构式观察

根据观察程序的不同,观察可分为结构式观察和非结构式观察。结构式观察是一种比较程式化的观察活动,研究者事先设计了统一的观察对象和记录标准,对所有的观察对象都使用同样的观察方式和记录规格。这种观察的主要目的是获得可以量化的观察数据,对观察内容进行统计分析。非结构式观察是指研究人员事先并不关注于某些特定的行为和特征,只是当行为发生时进行全面的观察并记录下来。

(四)静态观察与动态观察

根据观察者以及所观察事物的状态来分,质的研究中的观察还可以分为静态观察和动态观察。从观察者的角度讲,静态观察指的是观察者固守在一个地点,对某现象进行观察。静态观察的对象可以是静态的,也可以是动态的。动态观察指的是观察者与被观察的对象一起移动,随对象的地点、时间变化而变化。动态观察可以是一个短时间的观察，也可以是一个长期的追踪调查。由于长期的动态观察可以捕捉到事情发展的过程和变化形态，大部分人类学家在实地观察时都采取这种方法。

（五）探索型实地观察与验证型实地观察

按照观察的目的，实地观察还可以分为探索型实地观察和验证型实地观察两种形式。前者的主要目的是对社会现象（通常是对研究者来说不熟悉的现象）进行初步的、比较全面的了解，以便为今后进一步深入研究奠定基础。在验证型实地观察中，研究者已有自己初步的理论假设，观察的目的是对这些理论假设进行检验。在质的研究中，研究者大多使用探索型观察的形式，因为质的研究的主要目的不是验证现有理论，而是理解社会现象。

（六）直接型观察与间接型观察

根据观察者与观察现象的接触方式来分，质的研究中的观察还可以分为直接型观察和间接型观察。直接型观察指的是对那些正在发生的社会现象进行观察，研究者身临其境，记录亲眼看到和听到的所发生的事情。间接型观察指的是研究者通过对物化的社会现象进行查看，以此来认识研究的对象。其手段包括物质痕迹观察，如通过查看哪些书刊磨损得比较严重来推测这些书刊比较受读者欢迎。与直接型观察相比，间接型观察对被观察者的正常生活不会产生什么困扰，研究者有足够的时间和空间对观察的现象进行考察。但是，由于间接型观察的内容与被观察者的活动不同步，研究者很难对观察的结果进行效度检验。例如，造成上述书刊磨损的原因也许不是因为受读者欢迎，而是由图书馆本身管理不善所致。因此，在这种情况下，质的研究者通常结合间接型观察、直接型观察以及其他研究方式（如访谈）对研究的结果进行多方验证。

（七）长期观察、短期观察与定期观察

按照观察的时间安排来分，实地观察还可以分为长期观察、短期观察与定期观察。长期观察是一种连续不断地、在较长时间内对社会现象进行观察的活动。其优点是可以比较全面、细致地了解被研究的现象；但比较费时、费精力，对被观察者的干扰也比较大。短期观察相对来说精力和时间比较集中，可以在较短的时间内对研究现象获得一个即时的了解；但其弱点是：只能对研究的现象获得一个片刻的印象，很难获得比较全面、深入、整体性和过程性的了解。定期观察是指在某个指定的时段内对社会现象进行反复的探究。

第二节 观察的步骤与技巧

一、制订观察计划

（一）确定观察的问题

在实施观察之前，研究者首先应该确定观察的问题。观察的问题不是研究的问题，研究的问题是指研究者在所要探究的研究现象中提炼出来的、学术界或实践界尚有疑问的、研究者个人认为有必要回答的问题，而观察的问题是指研究者在确定了研究的问题之后决定选择使用观察的方法，根据观察的需要而设计的、需要通过观察活动来回答的问题。举个例子，当我们确定要研究医患关系中的双方态度时，我们就要进入医院的就诊室用自己的感官去观察双方之间的行为与互动过程。于是观察的问题就变成了就诊时双方的互动模式，以及患者的言语和行为。通常来说，研究的问题可以是一个比较抽象的问题，而观察的问题则应该比较具体。事先准备好问题，是顺利展开观察的前提，有了观察的问题准备，我们不用盲目地或者毫无目的地进行事先观察的探索，可以节约大量的时间，把观察的精力花在必要的地方。

（二）制订观察计划

在确定自己关心的观察问题之后，我们可以着手制订一个初步的观察计划。观察计划通常包括如下几个方面：

（1）观察的具体内容、对象、范围。我想要观察什么？我想对什么人进行观察？我打算对什么现象进行观察？观察的具体内容是什么？内容的范围有多大？为什么这些人、现象、内容值得观察？通过观察这些事情，我可以回答什么问题？例如，学生对医患关系特别关心，想进入医院观察医生与患者之间的关系。那么观察的具体内容是什么？其观察的主要内容肯定是医患之间的交流，观察者可以坐在诊室中，观察医生如何与患者进行沟通交流。在这个过程中，我们的研究对象是医生与患者，范围是两者之间的交流状况。

（2）观察的地点。我打算在什么地方进行观察？观察的地理范围有多大？这些地方有什么特点？为什么这些地方对我的研究很重要？我将在什么地方进行观察？我与被观察的对象之间是否有（或是有多远的）距离？这个距离对观察的结果有什么影响？如前文所述，在医患关系的观察中，我们所选择的观察地点无疑是医院。这是接近患者与医生的最佳地点，在这里我们可以看到双方的直接交流。但是需要注意的是,现象背后的东西也同时需要进一步进行跟踪性的观察。

（3）观察的时刻、时间长度、次数。我打算在什么时间进行观察?一次观察多长时间?我准备对每一个人（群）或地点进行多少次观察?我为什么选择这个时间、长度和次数?观察的时间应该以观察者与被观察者相互之间的协定为基础,以观察者的方便为主。例如,在医院调查医患关系时,应该选择在患者就诊的高峰期进行观察,这个时候观察双方的互动就可以展现真实的状态,暴露出一些被人所忽视的问题。

（4）观察的方式、手段。我打算用什么方式进行观察?是隐蔽式还是公开式?是参与式还是非参与式?观察时是否打算使用录像机、录音机等设备?这些设备有何利弊?是否准备现场进行笔录?如果不能进行笔录怎么办?在观察方式的选择中,选择隐蔽式的还是公开式的观察方式应该根据具体的情况而定。例如在调查医患关系时,你可以假装成患者与医务人员进行沟通交流,同时也可以作为旁观者观看医生与其他患者的交流。但是现场的复杂情况并不容易把握,你在观察的时候做即时记录就很可能会引来一些旁观者的揣测。

（5）效度。观察中可能出现哪些影响效度的问题?我打算如何处理这些问题?我计划采取什么措施获得比较准确的观察资料?一个检查观察效度的重要标准是观察的次数,通过稳定的观察次数不断地重复进行效度进行检测。

（6）伦理道德问题。观察中可能出现什么伦理道德问题?我打算如何处理这些问题?我如何使自己的研究尽量不影响被观察者的生活?如果需要的话,我可以如何帮助他解决生活中的困难?这么做对我的研究会有什么影响?在参与式观察中,最值得关注的是研究者参与到观察对象的生活中,与研究对象成为朋友,从而影响了研究的客观态度。

二、设计观察提纲

在进行实地观察之前,我们必须对观察有一个初步的计划,在有了具体的步骤策划之后,再开始编制具体的观察提纲,以便将观察的内容进一步具体化。观察提纲的内容应该遵循可观察原则和相关性原则,针对那些可以观察得到的、对回答观察问题具有实质意义的事情进行观察。我们可以先确定希望观察的一些具体内容,然后将这些内容进行分类,分别列入观察提纲。我们可以借鉴著名史学家洪业在历史研究中所提出的六个问题来设计观察

提纲,他将这些问题简称为六个"W"。我们将之带入观察提纲的设计中,即包括以下六个方面的内容:

（一）who

主要的人物？有谁在场？他们是什么人？他们的角色、地位和身份是什么？有多少人在场？这是一个什么样的群体？在场的这些人在群体中各自扮演的是什么角色？谁是群体的负责人？谁是追随者？在观察中,我们首先要确定人物,确定好以他们为中心并进行描述。例如,对仪式负责人的描述,他的外在形态和肢体语言,以及他的话语,这些是理解一个仪式的重要前提。

（二）what

发生了什么？在场的人有什么行为表现？他们说/做了什么？他们说话/做事时使用什么样的语调和形体动作？他们之间的互动是怎么开始的？哪些行为是日常生活中的常规？哪些是特殊表现？不同参与者在行为上有什么差异？他们行动的类型、性质、细节、产生与发展的过程是什么？在观察期间,他们的行为是否有所变化？"发生了什么"是一个具体的事件,而且这个事件是需要一定的时间进行观察的。例如,医患冲突是一个长时段过程,在此期间,我们需要观察双方都做了哪些行为,或者事件是如何一步步走向激化的。

（三）when

什么时间发生的？有关的行为或事件是什么时候发生的？这些行为或事件持续了多久？事件或行为出现的频率是多少？

（四）where

发生在什么地方？这个行为或事件是在哪里发生的？这个地点有什么特色？其他地方是否也发生过类似的行为或事件？这个行为或事件与其他地方发生的行为或事件有什么不同？

（五）how

怎么发生的？这件事是如何发生的？事情的各个方面相互之间存在什么样的关系？有什么明显的规范或规则？这个事件是否与其他事件有所不同？

（六）why

为什么？为什么会发生这些事情？促使这些事情发生的原因是什么？对于发生的事情,人们有什么不同的看法？人们行为的动机和态度是什么？很显然,这个问题需要通过一定的推论,不能完全通过外部观察而获得。当然,参与式观察不排除现场询问,因此也可以通过这类方式获得当事人的想法。

从上面列出的问题中,我们可以简单地做一个观察表格提纲。即分别把六个方面的因素进行表格化设计,在观察中一一进行对应。质的研究中的观察提纲与量的研究很不一样,它要求有一定的开放性和可变通性。与质的研究中的访谈提纲一样,观察提纲提供的只是一个大致的框架和方向。研究者进行实地观察时,应该根据当时当地的具体情况对提纲进行修改和变通。

三、观察法的技巧

虽然观察法要求我们运用一定的理论知识装备自己的头脑,但是在实践过程中,很多研究者也总结出一些能够让研究顺利开展下去的观察技巧。观察技巧虽然无关研究内容的挖掘,但是好的观察技巧却可以为我们省去很多麻烦,同时也会让研究者能够较为顺利地展开研究。正如有些人总结的那样,优秀的观察者必须有敏锐的洞察力、良好的记忆力、快速的反应能力、中立的态度和丰富的知识。

（一）观察之前的预文化

聪明的观察者在观察研究对象之前,一定会对研究对象的文化有一个较为体系的了解,这是观察者进行观察的前提。所谓预文化,就是一种预期社会化,即在对社会研究对象有了一些文化理念上的认识之后,研究者可以迅速地融入研究对象的世界中去。例如,外国学者不了解中国的文化,就不可能对研究对象有较好的把握。当他们知道中国文化的一些特殊礼节,包括一些节日文化之后,他们对中国人生活的了解就会加深。国家与国家之间是这样,异域文化的地区之间也是如此。例如,研究者走入云南一些民族聚居地区进行观察的时候,一定要对他们的生活习俗以及生活禁忌有所了解,否则就会出现很多错误性的行为,导致与研究对象之间的隔阂。

（二）与观察对象建立良好的关系

在进行完全的参与式观察时,研究者应该与研究对象之间形成良性互动。与研究对象的关系建立是从一个陌生人到熟悉的过程,在这个过程中,研究者应该有一些语言和生活技巧,通过与当地生活的融入迅速与研究对象建立关系。一种有效的办法就是与当地居民一起活动,人类学家吉尔茨有个生动的例子阐释了这一观点。他在印度尼西亚做人类学观察的时候,许多人对他持有怀疑甚至敌视的态度,但是一次意外,却拉近了他与研究对象之间的关系。他在观察一场斗鸡游戏的时候,突然遇到警察抓捕,他与那些巴厘岛的原著居民一样四处逃跑。当地人事后就问他为什么要逃,而此时的问话态度已经发生了迥然的转变,他们觉得吉尔茨是他们中的一员。就这样,吉尔茨通过这次行为成功地与当地居民建立了良好的关系。事实上,在观察研究中,与当地人融为一体的方式是融入当地的一些礼仪仪式、尊重当地人的仪式,而不是批评甚至否定。

（三）观察者应该不影响被观察对象的生活进程

田野观察有一个不成文的规定:进行近距离的观察时,观察者不要主动和认识的被观察者打招呼,从见到对方的那一刻起就开始悄悄观察和记录,当对方发现观察者并开始问候之时就是观察结束之时。在接下来的非自然状态下,可以进行访谈和问卷调查。观察需要恪守一些域外法则,即在不干扰一些正常状态下的客观中立,是观察的最佳状态,一旦被观察者意识到观察者的存在并与其进行一些互动的时候,这种观察状态就受到了研究干扰,发生了一些日常状态的扭曲。

（四）注意观察一些身体状态

重视身体等肢体的行为状态是建立在一种观点之上的,即编造虚伪的表情、手势姿势要比编造谎言更困难。这种侧面观察经常配合访谈法使用,为判断受访者的回答内容是否可靠提供参考,有利于研究者在双方互动中掌握主动权。一般来讲,观察者的一些肢体语言一般会预示着某种行为,例如人们在说谎的时候,伴随着一些肢体语言的行为,包括手势动作会减少、手会有想摸脸的冲动、收卷摊开的手掌的动作会增强、身躯挪动等。

（五）观察记录的技巧

研究者做观察也需要特定的记录方式,一些记录方式会引起观察对象的反应,而有些观察则并没有被观察对象所在意,所以选择特定的观察记录方式既需要考虑被观察者的感受,同时也要考虑观察者自身的因素。如果有些观察结果需要观察者能够及时记录下来,就要利用图表和符号进行记录。图示具有简明和直观的优点,画一张现场的草图往往胜过千言万语的描述,且不容易产生语义上的分歧,记录资料的表格化也可使观察的成果更简明,同时表格化也是研究者进行思考和整理的过程。运用观察法中自己所创造的一些符号或者代码能够使记录简化,满足现场速记的要求。数字、字母和各种简易图案都可作为符号使用。

观察的记录方式可以分为两种不同的表述方式,一种是结构式的,一种是功能式的。结构式描写比较细致和烦琐,不过较为客观,比较适用于一些陌生的场景观察;功能式描写比较简洁,但是会存在研究者的主观成分,多用于记述一些比较熟悉的场景。例如,"医生用助听器贴着一个比较年长老人的胸"这是一种结构式描写,如果运用描述式的话,那就是"医生在诊断病人脉搏"。

观察可以按照事情的前后发展进行记录,一种是观察式的即时性记录,另外一种是观察后的记录。这两种方式是在观察研究中常用的记录方式。即时性观察记录就如实验室观察,边观察边做实验记录,把自己所观察到的东西当场记录下来。这种观察一旦受到干扰就会发生观察的异化,一旦被观察对象看到你在记录,他可能故意改变真实的生活状态,以迎合观察者的记录。所以有很多研究都采取了观察后的记录这种方式。例如著名社会学者曹锦清先生所著的《黄河边的中国》就是对中国农村的记录,但是他所调查的记录都是在当天观察访谈后的记录,这样做的优点是很多被观察对象没有顾虑,愿意展现真实的状况。

四、观察法的注意事项

观察的步骤一般是从开放到集中,先进行全方位的观察,然后逐步聚焦。不论是在开放还是聚焦的过程中,研究者都面临着如何与被观察者互动以及如何选择观察内容的问题。下面就这几个方面的问题分别进行讨论。

(一) 开放式观察

在质的研究中,观察的方式在不同阶段通常呈现出不同的风格。一般来说,在观察的初期,研究者通常采取比较开放的方式,用一种开放的心态对研究的现场进行全方位的、整体的、感受性的观察。研究者尽量打开自己所有的感觉器官,包括视觉、听觉、嗅觉、味觉、触觉以及所有这些感觉的综合运用,用自己身体的所有部分去体会现场所发生的一切。比如,如果一位研究者希望对晚上某公园舞场上跳舞的人们之间的互动行为进行研究,那么在观察的前几次,他应该先对舞场周围的物质环境和人文环境有一个整体性的了解。他可以先在公园里闲逛,对前来跳舞的人们以及周围围观的人们进行观察,有机会时可与他们闲聊,还可以自己参加跳舞体会公园舞者的心情,感受舞场的音乐、灯光对舞者的影响等。观察者在对舞者所处的大环境有了一个比较完整的、全方位的了解以后,再开始对他们的行为进行细部的观察。

在对观察现场获得一个整体感受的同时,作为观察者,我们还应该训练自己对周围事物的敏感性和反思能力。跨入现场的一刻,我们就应该问自己:这是一个什么样的地方?这个地方有什么特色?这个地方的空间是如何安排的?这种安排有什么特色?在这个空间里有什么具体的摆设?在场的有多少人？他们是干什么的？他们的年龄、性别、衣着和行为举止有什么特点？是否可以从这些特点中看出他们的社会地位、经济地位、受教育程度、婚姻状态和职业？这些人聚在这里干什么？他们相互之间是一种什么关系？在询问这些问题的时候，我们不仅要了解自己目前所处的现场有哪些人和物，而且要知道这些人和物所处的状态以及他们之间的相互关系。就像一张家具清单反映不出一个房间的原貌一样，对所观察到的事物进行简单的相加也反映不出这个现场的本来面貌。与此同时，我们还可以问一些有关观察方法的问题，比如：我来到这里有什么感觉？我为什么会有这种感觉？

（二）逐步聚焦

对观察的现场获得了一定的整体、感性认识，明确了自己希望回答的观察问题以后，我们便可以开始聚焦了。聚焦的程度取决于研究的问题、具体的观察对象或者研究的情境等因素。如果观察的问题是"晚上公园里跳舞的人们相互之间是如何认识的"，那么观察的焦点最终必须落到跳舞的人们相互交谈的内容方面。而如果观察的问题是"晚上公园里跳舞的人们是如何邀请对方跳舞的"，那么观察的焦点落到人们相互邀请对方跳舞的动作上就可以了。

一般来说，聚焦时的视野可以有狭窄单一和开阔这两种方式。前者的焦点比较集中，对单一现象或行为进行集中的观察（类似西洋画中的焦点透视）；后者的焦点比较开阔，强调对整个事件进行全方位的关注（类似国画中的散点透视）。比如，如果上述研究者主要对公园里某一对舞伴跳舞时目光注视的角度进行观察，观察的焦点始终放在这一对舞伴的眼睛上，那么这便是一个比较狭窄的聚焦视野。而如果该研究者对公园里所有舞伴的目光注视方式进行观察，观察的焦点比较宽泛，同时囊括所有舞者的眼睛，那么这就是一个比较开阔的聚焦视野。

在实际观察中，研究者可以（而且应该）变换使用狭窄的视野和开阔的视野。比如，研究者希望对公园里舞伴们目光注视的现象进行观察，可以在人们跳舞时目光注视的整体状况和某一对舞伴的目光注视之间来回聚焦。通过这种不断、来回的拉锯，研究者可以同时在宏观和微观层面获得比较丰富的资料。这种方法类似有的学者所说的"分析综合法"，即先观察事物的局部，然后再观察事物的整体；或者反之，先观察事物的整体，然后再观察事物的局部。如此反复移动焦点、扩大或缩小视野的同时，研究者可以对观察的内容进行综合分析。

（三）回应式互动

在观察的过程中,研究者应该尽量自然地将自己融入当地的文化之中。要做到这一点,研究者可以有意识地采取一些策略,如与当地人在一起生活,与他们一起做事,保持谦逊、友好的态度,不公开表示自己与当地人不一致的意见,观察活动尽可能与当地人的日常生活相一致等。在可能采取的种种策略中,一个被认为十分有效的策略是回应式互动,即对当地人发起的行为做出相应的反应,而不是自己采取主动的行动。

第三节　参 与 观 察

一、参与观察的优点

参与观察是人类学和民族志研究中最常用的研究方法。其研究对象多是原始社区或特殊的文化与亚文化群体。近几十年来,人类学和社会学也将这种方法运用到对现代社会某些特定群体和社区的研究中。这种观察的目的是全面、深入地描述某一特定的文化现象。它预先并没有什么具体的理论假设,也很难通过其他方法(如问卷法)获得所需的资料,因此需要在研究领域内部进行长期观察,从大量现象中概括出研究对象的主要特征。其研究目的和特点决定了观察者要有较高的参与程度。在实地观察中,研究人员努力忘却他们自己的文化,试图在当地的文化环境中再社会化。

在实际的社会研究中,当研究者采用参与观察的方式来收集资料时,他通常需要在各种不同的观察者角色中做出选择。有的社会学家按参与的程度和方式的不同,把角色分为四种:完全的观察者、作为参与者的观察者、作为观察者的参与者、完全的参与者。完全的观察者实际上是上节所谈到的局外观察者。下面我们着重介绍其他三种角色。

"作为参与者的观察者"是这样一种角色,他的研究者的身份是被所研究和观察的群体知道的,即人们都知道他是一名研究人员。他是以这种公开的身份参与到被研究群体或社区中进行观察的。

参与观察法的一个最大优点就是研究者生活在所研究的对象、群体以及社区中间,对许多现象都能够得到生动具体的感性认识。同时,他还能够公开地询问他想了解的任何问题,可收集到许多采用其他方法难以得到的资料。而参与观察的最大不足就是被视察的人们会十分现实地感觉到他们正在被观察,从而有可能改变他们的行为方式。也就是说,作为参与者的观察者在客观上必然会影响到被观察对象的行为。比如在怀特的研究中,多克就说过,以前自己的行为是出于直觉,即想怎么干就怎么干,而现在却要考虑怀待将会怎样看、怎样想了。

"作为观察者的参与者"则是这样的一种观察角色,它要求观察者既能够成为群体的一员,又能在不暴露研究者身份的情况下询问问题。这是一种要求研究者采取虚假的角色的情形。例如,装作一个体验生活的作家或进行采访实习的记者等。这样的角色将允许研究者看起来是好奇的,同时又可以在群体成员不知道研究者所做工作的真正性质的情况下,询问许多研究者感兴趣的问题。但在实际社会研究中,采取这种角色进行参与观察的并不多见。其原因可能是作家、记者等类似的角色与社会研究者的角色,对于被观察的群体来说并没有什么大的差别。因此研究者往往要么公开让被观察群体知道他是社会研究人员,就像上面所介绍的怀特的研究那样,要么干脆完全不让被观察对象知道其真实身份,这就是下面我们所要介绍的"完全参与者"的角色。

"完全参与者"的角色实际上就是间谍的类型。在整个观察的过程中,被观察群体的成员都相信他是这一群体中的一个普通成员,一点也不知道他是一个观察者。例如,为了研究生产集体中所形成确立的社会价值的性质和内容,以及为了找出个体把这种价值内化的某些机制,苏联社会学家奥里珊斯基来到工厂,并成为享有充分权利的工人集体的成员。在好几个月中(即在没有达到研究目的之前),他一直干装配工的工作。他经常到工人家中串门,很快与工人建立了友谊关系,并在工人中享有一定的威信。没有一个工人疑心车间里来了一个研究者。结果,他用这种完全参与观察所获得的资料出版了一本有关现代社会心理学最迫切问题的著作。

此外,采用这种极端角色的研究者往往是为了了解极端的情况。例如,美国社会学家奥瓦波安便是使用这种完全参与法进行监狱管理与囚犯生活调查的。他先取得政府当局的同意,装成一个犯人,进入监狱中与犯人一起生活。因而,一般犯人对他毫无隔阂,将生活情况及所受待遇予以倾诉。这样,他获得了许多实际的材料,并用这些材料在1914年发表了一本名为"在监狱内"的著作。该书对监狱生活描述得十分详细,给予美国政府改善监狱设施以很大的贡献。我国老一辈社会学家严景耀教授,新中国成立前也曾采取完全相同的方法到监狱当犯人,研究中国的犯罪问题。

类似的例子还有许多,比如,有的研究者为了了解黑人的生活和遭遇,把自己装扮成美国南部的黑人进行亲身尝试,最后用他的所见所闻和经历写成了《像我一样的黑人》这本著作。还有的研究者把自己打扮成伦敦的一个穷困潦倒的人,并像游民一样漂泊流浪了好几个星期。后来他用他所观察到的资料写成了《穷困潦倒》。有关报刊也曾报道过美国一位 33 岁的妇女于 1979年化装成 85 岁的老妪进行私访,想了解老年人在美国的处境,她到过 14 个州,足迹遍布一百多个城市的大街小巷。3 年之后,她遍身伤痕斑斑,感情受到严重摧残。她把自己的经历写成一本名为"一个真实的、令人厌恶的故事"的书,描述了美国老年人的悲惨情景,并要求改变这个国家对待老年人的方式。

参与观察法的主要特点在于:参与者同当地群体的互相作用之关系。调查研究者对于被调查研究者持以一种平等的、促进相互理解和信任的态度,作为双方建立作业关系的基础,力避用自身的文化价值观念来衡量其或强加在被研究者的文化观念上,尽可能缩短和消除双方因社会、文化条件和历史背景之不同而造成的距离和隔阂,增进情感上的融和,以便长期地深入到社会生活的各个方面和各个层面来直接观察,获取资料。

其主要特点还在于:调查者直接接触和参与了另一种文化的行为,有了对另一种文化的行为经历及经验,其所观察到的情况,大多是比较真实、自然的。不是当地人装样子的表演,也不是善于言辞者的编造或串骗,这比起那些"完全依赖问答方法行色仓促的田野研究者"能够获得更多、更为确切的实际资料,克服了口头资料提供者的主观局限性。由于调查者参与了当地人的实际活动,充分地发挥了连续直接观察的功能,对于人们每天或经常重复的活动,被他们视为没有什么意义和更无争议的事情,或是难以牢记的活动细节等,一旦被调查者目睹,往往会敏锐地发现其中隐藏着的某种意义,而这种意义的内涵在一般交谈中是难以显示出来的,这正是研究者希冀捕捉的能够启发思维的灵感。

二、参与观察法有其明显的局限性

首先,它多半适用于局部地域内较小社区的作业,特别适宜微观或典型的调查,难以在较大地域的范围进行。因此参与观察所获得的"点"上的材料,往往还须通过"面"上的宏观材料来做比较,才趋于全面。其次,社区生活的全部事象并非都能观察到,有些事件很难碰见,属于个人或家庭的隐私或反社会行为等,难以直接观察。最后,观察者的参与在某种程度上可能会影响到被观察者的正常活动,而这种影响的程度,一般也难以准确估计。至于调查者参与的范围和程度问题,也是值得研究的。因为总有某些活动禁忌外人介入(通常是禁止妇女参加),对此,作为一个外来的调查者,应该尊重当地的习俗和规定,强行参与反而导致效果不好。关于明显的陋俗之类,调查者更不应有行为上的介入。

优秀的实地研究者不仅具有在过程中把握研究问题的能力、超强的人际交往能力、全面获取信息的能力,还必须具备反思的能力。波格丹和比克兰认为,观察者在做实地笔记时应该对如下几个方面进行反思:①反省自己的思维方式,询问自己是如何进行观察的,如何注意到目前自己手头收集到的资料所反映的观察内容的,自己为什么会对这些内容加以注意;②了解自己使用的具体研究方法和过程,分析自己观察的角度、记录时使用的语言等;③对观察中出现的有关伦理道德问题进行反省,检查自己是否在某些地方违背了公认的伦理原则和研究规范;④反省观察者自己对研究问题的前设、个人生活经历、政治立场、宗教信仰、种族、性别、社会地位、受教育程度等;⑤对目前自己仍感困惑的问题加以澄清,对实地笔记中一些不清楚的地方加以说明,对错误的地方进行纠正。笔者认为,除以上需要反思的方面之外,在完全参与观察中,研究者还应该特别反思以下两个方面:

第一,自己的情绪对观察的影响。因为完全参与的观察者已经是一个"局内人",在参与观察的过程中不可能没有情绪,而情绪会影响其观察行为,进而影响观察结果。所以,研究者应该密切注意自己的情绪,并且在方法笔记部分记下自己的情感反应。这种记录在今后对资料进行分析时会十分有用,可以提供有意义的分析角度和观点。

第二,自己与被观察者的关系。作为局内人,扮演不同的角色会形成与被观察者不同的关系,而不同的关系又会对观察的进程与结果产生不同的影响。如笔者在社区研究的过程中,以研究者的角色访谈某个业主时,她表现出非常积极的一面,而以业主大会筹备组组长的角色近距离地和她接触之后,发现了很多消极的方面。同时,观察者与被观察者之间的关系比较灵活,不是一方主动、一方被动的固定关系,研究的过程也不完全先入为主地由某种外在的、机械的模式所决定,而是融入了参与双方的决策、选择和互动。因此,研究者必须从多个角度反思自己与被观察者的关系。

案例 5-1 对真维斯专卖店的暗访调查

真维斯在武汉市区开设了 20 多家专卖店,为了督促各专卖店提高服务质量,真维斯经常派出调查员对各专卖店进行暗访调查,并以此作为评比依据。

神秘人暗访调查表

店铺地址：　　　　　　　店铺编号：

访问日期：　　　　　　　进店时间：　　　　　　　店内顾客人数：

访问员：　　　　　　　　调查表编号：　　　　　　总得分：

调查项目	等级	评分标准
1. 营业员的礼貌		
(1) 顾客进店时,有营业员立即面对顾客打招呼	优 良 中 差	有营业员立即面对顾客热情、自然地打招呼 有营业员面对顾客打招呼,但不自然、热情 有营业员打招呼,但不面对顾客 不打招呼
(2) 营业员衣着统一,佩戴胸卡,发饰整洁,化妆自然	优 良 中 差	衣着统一,佩戴胸卡,发饰整洁,化妆自然 四项中有一项欠缺 四项中有两项欠缺 四项中有三项以上欠缺或其中一项严重欠缺
(3) 营业员各就各位,无倚靠、聊天、干私事现象	优 良 中 差	营业员各就各位,无倚靠、聊天、干私事现象 四项中有一项欠缺 四项中有两项欠缺 四项中有三项以上欠缺或其中一项严重欠缺
(4) 能用普通话接待顾客,礼貌用语,面带笑容	优 良 中 差	礼貌用语,面带笑容(顾客讲普通话时,营业员也讲普通话) 四项中有一项欠缺 四项中有两项欠缺 四项中有三项以上欠缺或其中一项严重欠缺
(5) 当顾客只想看看时,营业员没有板起面孔的现象	优 良 中 差	营业员态度热情,并适当推荐一些特色商品 营业员态度热情,但未推荐商品 营业员态度有较大变化,也未推荐商品 营业员板起面孔
(6) 收银员的态度和蔼,唱收唱付,并说"谢谢"	优 良 中 差	态度亲切、和蔼,唱收唱付,并说"谢谢" 态度一般,并说"谢谢" 态度一般,不说"谢谢" 态度差
2. 营业员的推销技巧		
(7) 同停留在货架前挑选货品的顾客主动打招呼,并询问其需求	优 良 中 差	店员主动过来打招呼,并询问需求 店员主动过来打招呼,但不询问需求 店员未主动打招呼,但顾客招呼时,能迅速过来 店员未主动打招呼,顾客招呼一遍以上时才过来

续　表

调查项目	等级	评分标准
(8) 主动热情地介绍商品的特性、面料及洗涤方式	优	全面详细地介绍商品的特性、面料及洗涤方式
	良	顾客询问后,一问二答或以上
	中	顾客询问后,被动解答,一问一答
	差	顾客询问后,因反感而不答
(9) 鼓励顾客试穿,乐意陪顾客到试衣间,并将待试服装为顾客准备好	优	鼓励顾客试穿,陪同顾客到试衣室,并将待试的服装准备好
	良	鼓励顾客试穿,陪同顾客到试衣室,但未将待试服装准备好
	中	不鼓励顾客试穿,顾客提出试穿后同意顾客试穿,但不陪同顾客到试衣室
	差	不鼓励顾客试穿,也不同意顾客试穿
(10) 告诉顾客售后服务的内容,包括:免费修改裤长、更换颜色、尺码等	优	主动告诉顾客全部售后服务的内容
	良	告诉顾客两项售后服务内容
	中	告诉顾客一项售后服务内容
	差	未告诉顾客售后服务内容
(11) 如果服装不合适,则主动、热情地给顾客更换或介绍其他商品给顾客试穿	优	若顾客提出服装不合适,主动征询不合适原因,并能提供相应的合适货品给顾客
	良	若顾客提出服装不合适,没有征询不合适原因,就为其提供其他货品
	中	若顾客提出服装不合适,让顾客自己挑选其他货品
	差	若顾客提出服装不合适,收回货品,不予理睬,或强行推销该货品
(12) 如试穿满意,顺便向顾客介绍、配搭其他商品和饰品	优	主动介绍并主动引导顾客配搭其他货品
	良	未主动为顾客配搭,当顾客提出配搭要求后,能热情帮助配搭
	中	顾客提出配搭要求后,不情不愿地寻找相应货品
	差	顾客提出配搭要求后,没有反应
(13) 服饰配搭恰到好处,令顾客满意	优	服饰配搭恰到好处,顾客非常满意
	良	服饰配搭水平较高,顾客比较满意
	中	服饰配搭水平一般,顾客可以接受
	差	服饰配搭水平太差,顾客不能接受
(14) 在不需同时接待其他顾客时,陪同顾客到收银处付款,并说致谢语	优	陪同顾客付款,并说致谢语
	良	陪同顾客付款,不说致谢语
	中	让顾客自己去付款,说致谢语
	差	让顾客自己去付款,不说致谢语

调查项目	等级	评分标准
(15)顾客离店时,有营业员能立即主动地对每位离店顾客说送别语	优 良 中 差	顾客离店时,营业员热情、自然地招呼 顾客离店时,营业员打招呼,但不热情 有营业员偶尔对个别离店顾客打招呼 不打招呼
3.购物环境		
(16)在收银台附近,整洁摆放或张贴着"顾客服务热线"的标牌	优 良 中 差	店内收银台附近有标牌,且很整洁 店内收银台附近有标牌,但不够整洁 店内收银台附近有标牌,但很脏 无标牌
(17)店内货架、橱窗、门面招牌、地面整洁	优 良 中 差	店内货架、橱窗、门面招牌、地面整洁 一项欠缺 两项欠缺 三项或四项欠缺,或有一项严重损害商店形象
(18)货品摆放整齐,货架不空置,货品及模特无污渍、无损坏	优 良 中 差	货品摆放有条不紊,分门别类,货架不空置,货品及模特无污渍、无损坏 有一个货架(或货品、模特)未达到要求 有两个货架(或货品、模特)未达到要求 货品乱放,或三个以上货品及模特有污渍、有损坏
(19)试衣间整洁,门锁安全,设施齐全(配备衣钩、拖鞋)	优 良 中 差	试衣间整洁,门锁安全,设施齐全 三项中有一项欠缺 三项中有两项欠缺 三项均有欠缺或其中一项以上严重欠缺
(20)灯光明亮,音响适中,温度适宜,走道通畅(无杂物堆放)	优 良 中 差	灯光充足,音响适中,温度适宜,走道畅通(无杂物堆放) 四项中有一项有欠缺 四项中有两项有欠缺 四项中有三项或四项有欠缺,或有一项以上严重欠缺

说明:对每项调查内容,优5分、良4分、中3分、差1分,满分100分。

案例 5-2 大学生上衣着装颜色喜好

方法:观察法

观察人数:205人(男生100人,女生105人)

观察地点:某教学楼附近

观察时间:星期五下午2:00—2:30

观察者:×××、×××、×××

颜色		白	红	黄	橙	绿	紫	蓝	灰	咖啡	黑	其他
男生	人数	11	15	9	4	4	0	19	10	2	15	11
	比例（%）	11.00	15.00	9.00	4.00	4.00	0	19.00	10.00	2.00	15.00	11.00
女生	人数	4	20	3	1	2	1	12	2	5	8	47
	比例（%）	3.81	19.05	2.86	0.95	1.90	0.95	11.43	1.90	4.77	7.62	44.76

（注："所占比例"是指所占男生中人数或女生中人数的比例）

分析：

我们这次的观察主要是想了解目前大学生对衣着颜色喜好的趋向。从上述的数据中，我们发现红、蓝、黑三种颜色的比例较高，而绿色、紫色等颜色所占比例普遍较低，可能与颜色之间的相互搭配有直接的联系。

值得一提的是，"其他"那一栏的调查结果，在所调查的总人数中也占了相当一部分的比例。当中有的颜色难以将其归入前面的栏目中，看起来既可以归于这种颜色又可以归于那种颜色，或者有好几种颜色都同时出现在一件衣服上。女生在这方面尤为明显，且多以色彩明快或对比强烈的颜色为主，以显示其应有的青春朝气，也有少部分人选择较为沉稳的深色（如棕色或褐色）。男生方面则绝大多数选择较为沉稳的颜色，似乎是有意向成人靠拢，以显示自己的成熟、稳重。

当然，此次调查也有欠妥当的地方。首先，观察的地点只在本校一所教学楼附近，有其局限性；其次，每个人对颜色的界定不可能完全相同，因此在所得的数据上难免有出入；最后，每件衣服对每个人的吸引力会有所不同，我们所观察到的也可能只是引起我们注意的那部分，很可能不具有代表性。我们希望在下次实验时能够把问题考虑得更细致、周密。

☞ **实验思考题**

1. 观察法可以分为哪几类？

2. 先找一个室内的公共场所（如学生食堂、体育馆等），站在一边，观察人们在干什么并记录，列出如行走、排队、交谈、叫喊、拉手、笑、坐下、跑等行为，并留意每种行为是什么人在做、通常和谁一起做、在场地的哪个位置做等。再找一个室内的私人场所（如学生宿舍、教师休息室等），重做上述练习。做完练习之后,谈谈你在实际观察中碰到哪些困难? 这些困难有什么办法克服? 对比两个场景中人们行为模式的异同,你是否能从所见行为中察觉出某些人普遍遵守的行为规则? 如果你身边的同学观察的场所和你一样,把你们的观察结果进行对比,看有何异同,然后思考为什么会有这种差异,你是否能从中发现你自己的观察模式的特点?

3. 选择参与式观察的方法观察学生寝室的特征。

4. 观察法应该怎样和访谈法配合使用以达到最佳的调查效果?

第六章

访谈法与资料分析

☞ **实验教学目的**

1. 培养学生在日常对话中获取信息和收集资料的能力。
2. 通过访谈的实验形成学生的访谈交际能力。
3. 掌握访谈的关键性技巧,即对话的交流方式。

☞ **实验教学内容**

1. 访谈的内涵、特点和类型。
2. 进行访谈研究的程序与技巧。
3. 团体访谈法的使用技巧。
4. 访谈法的局限性。

第一节　访谈的内涵与基本特征

一、访谈的内涵

访谈法是社会调查研究中一种常用的资料收集方法,也是社会研究中最重要的调查方法之一。在社会调查研究中,既可以主要依靠访谈法收集资料,也可以将访谈法与其他方法结合运用,而且后者往往效果更佳。定性研究主要依靠访谈法来完成。访谈不仅是质的研究中最重要的资料收集方式,而且也是大学生进行社会调查最重要的一种方法。在一般的社会调查中,大学生一开始所采取的社会调查方法大多是有选择地与调查对象进行访谈,逐渐通过与研究对象的访谈来了解社会现象的全貌,从而建立一个比较详细的事件发展轮廓。访谈作为一种社会调查方法,不同于一般的日常聊天。日常聊天是一种随意的话语交流,无须遵循特定的程序,双方可以随时中断谈话。而访谈是社会调查者带着一定研究目的而进行的谈话,有特定程序与规则,且具有方法论上的指导意义。在访谈过程中,两个有着自身意义的主体发生互动,从而形成了一个话语流。对于刚刚参与社会调查的大学生来说,他们还没有受过严格的方法论训练,因此,访谈最主要的是契合他们的研究,在访谈中获得有价值的材料。

既然访谈不是平常的聊天,那么访谈又有哪些与日常聊天不同的特征呢?访谈法,有时也称访问法,是通过有计划地与调查对象直接交谈获取社会信息(收集资料)的方式。它是调查者根据调查课题所确定的要求与目的,按照调查提纲或问卷规定的内容,通过个别访谈或集体交谈的方式,系统而有计划地收集资料的一种方法。陈向明认为,访谈就是研究者寻访、访问被研究者并且与其进行交谈和询问的一种活动。访谈是一种研究性交谈,是研究者通过口头谈话的方式从被研究者那里收集第一手资料的一种研究方法。袁方认为,访问的过程实际上是访问者与被访问者双方面对面的社会互动过程,访问资料正是这种社会互动的产物。裴娣娜在《教育研究方法导论》中提出:访谈,就是研究性交谈,是以口头形式,根据被询问者的答复收集客观的、不带偏见的事实材料,以准确地说明样本所要代表总体的一种方式。不同的研究者会根据自己的侧重点进行有差异的定义,但是总结以上定义,我们可以大致归纳出访谈的一些核心要素:首先,访谈是访谈者和被访谈者双方之间的交流,这样的交流虽然在旁听者看来没有规则性,但是访谈者确实事先做好了充分的准备,他们或者已经有了调查提纲或者有访谈的规则。其次,访谈是有成果的,其成果就是访谈者资料整理后的文字。

访谈强调通过双方口头的交流获取研究资料,因此,我们可以根据以上的定义,把访谈定义为研究者或者调查者带有一定的研究目的与被研究者进行口头交流收集资料的方法。访谈法是有自己的哲学基础的,它建立在解释学、建构主义的基础之上。20世纪解释学的代表人物是德国哲学家加达默尔,与狄儿泰的解释学相比,加达默尔的诠释学已经走出了心理主义的框架和仅以理解文本为目的的立场。他把研究的目的定在探寻所有事物的理解性(包括艺术、历史与语言上),他的解释学涉及的范围已不是历史上遗留下来的文本翻译,而是扩展到一切人文学科,乃至一切以语言方式存在的事物。由于更追求"理解"的普遍性,于是建构在这种基础上的访谈法要求研究者在研究过程中要把访谈法作为一种"言语事件",主动对这种言语事件进行分析、归纳和研究,诠释和建构言语事件的意义,从而揭示出深层次的含义,而不是停留在问题的表面上。

二、访谈的基本特征

访谈带有明显的目的性。进行社会调查时,研究者往往带有目的性意图地开启访谈,并试图从访谈者的口中得到其想要获取的资料。大学生进行访谈的时候会遇到很多问题的困扰,很容易跟着别人的思路走,于是就会出现跑题、偏题的现象。因此,在访谈中一定要时刻记住自己的目标,围绕着目标展开访谈。

访谈关系中的不对等性。对于一般的谈话,我们可以认为是平等主体之间的沟通交流,任何一方不满意即可中断谈话,甚至保持沉默。但是在访谈中,往往存在着共识,即访谈者尽量满足访问者的要求,对访问者的问题进行如实的回答。在这种关系中,我们就可以看到,研究者有一种对访谈者的要求权力,如果这种访谈加上一些外界因素的影响,更有可能看到权力支配关系。

访谈中研究者的主动性与访谈者的被动性。在谈话开启后,我们就会发现话语的控制一直是向研究者倾斜的。这很容易理解,毕竟研究者是访谈的主控方和开启者,因此访谈是要围绕着研究者关心的问题而展开的。当然,也不排除出现一些"短路"的情况,有些访谈者聊到一些比较关心的问题时,就会侃侃而谈,脱离了研究者的问题域,这个时候研究者所要做的是努力把话题重新拉回到问题域之中。

访谈还会遇到研究者的业余性质与被访谈者的专业性质的冲突,这种专业认识上的冲突尤其体现在一些技术工作者的身上。对医务人员进行访谈就是这样一个例子,在访谈中医务人员会出现一些医学术语,这个时候研究者就会特别敏感,到底是继续追问还是不进行追问?继续追问吧,怕人家会对你产生意见,因为在他们看来这些都是一些常识;不追问吧,你可能会过滤掉对调查非常有用的信息。在这里,研究者应该保持一种无知的态度,就是让自己的脑子空白化处理,应该不断地追问被访谈者的敏感信息,保持孔子所说的"知之为知之,不知为不知"的真实态度。这样的态度反而会让被访谈者感到轻松,并且激励被访谈者可以进入自己熟悉的话语体系,说出自己内心的真实想法。当然,这种专业性的知识也需要研究者事先有所预习和了解,否则真正的一无所知只会让访谈变得艰难。

访谈是一种与日常交谈十分不同的谈话方式，具有一定的目的和形式，交谈双方的地位和权力也是很不一样的，这是一种人为的谈话环境，明显地改变了人们日常交流的结构和风格。访谈这一形式本身使研究者有权力控制双方交流的方式，包括交谈的内容、谈话的风格以及信息的类型和容量。研究者可以一定程度上忽略当地人不得不考虑的一些制约因素，如亲属关系、年龄、性别、亲密程度、话语的主动权等。在这里，人们日常谈话时彼此共享的谈话情境、交流规则、知识交换和互惠的目的都被弱化了。访谈不是一种轻松随便的聊天，双方的地位是不平等的。如果受访者可能而且愿意的话，他们也有权利颠覆这种不平等的关系，对访谈者采取不合作态度，拒绝回答对方的问题，甚至故意歪曲事实、欺骗对方。但是，一般来说，只要受访者同意接受访谈，便不由自主地接受了这套规则，并且会主动遵守这套规则。

三、访谈的类型

按照访谈的结构分类，即研究者在访谈结构中的控制程度，访谈可以分为三种类型：封闭型、开放型和半开放型，这三种类型也分别被称为结构型、无结构型和半结构型。这是按照研究者对整个访谈过程控制的程度来进行划分的。所谓的控制程度，即研究者对受访者进行的话语性控制，即依据研究者的观察对问题进行聚焦。结构型访谈一般控制过程比较严格，例如在访谈中，访谈者会根据问题的结构进行逐步的提问，不允许一些私人的其他叙述干扰这些问题的问答。而半结构型访谈则是在提问的过程中，访谈者也注意问一些有关情况，这些问题并不在原来的问题结构中。无结构型访谈就是完全开放式的访谈，访谈者与被访谈者就任何事情都可以展开对话。

按照正式程度，访谈可以分成正规型和非正规型。如果我们用人类学的考察作为例子来讲，一开始人类学家进入田野都是一种非正规型的访谈，就是到处瞎逛，问这问那，人们觉得这样非常奇怪，但是慢慢地熟悉了之后，这种非正规型访谈也成为正常现象。在正式熟悉了田野之后，人类学家就会寻找特定的访谈对象发出要求，或者选择访谈地点，进行深入了解，这时候就是一种正规型的访谈了。正规型访谈常常体现在一些做谈话的节目中，事先的时间、人员已经安排好了，然后访谈者开始访谈的过程。

根据访谈者与受访者双方接触的方式，正规型访谈还可以进一步分为直接访谈和间接访谈两种类型。直接访谈是人与人之间面对面的交流，双方在一个共同的场合中进行谈话；间接访谈是通过一定中间媒介进行的询问，包括网络通信工具、电话等。

　　根据受访者的人数,访谈还可以进一步分为个别访谈和集体访谈两种类型。个别访谈是指研究者在单独的情况下与单个受访者进行交流,两个人就研究的问题进行交谈;而集体访谈可以由1～3名访谈者和6～10名参与者组成,访谈者主要协调谈话的方向和节奏,参与者相互之间就有关的问题进行讨论。在个别访谈中,受访者可以得到访谈者较多的个人关注,有较多的机会与访谈者交流,因此,可能对自己的内心世界进行比较深刻的挖掘,由于只有访谈者一个人在倾听自己的故事,受访者可能感到比较轻松,不像在公众场合中那样不愿暴露自己的隐私。与个别访谈相比,集体访谈可以为参与者提供一个相互交流的机会,调动大家的积极性就有关问题进行争论,对事实和知识进行集体性建构。

　　根据访谈的次数,访谈可以分成一次性访谈和多次性访谈。一次性访谈通常内容比较简单,主要以收集事实性信息为主;多次性访谈则通常用于追踪调查,或深入探究某些问题,可以有一定的结构设计,逐步由浅到深,由表层到深层,由事实信息到意义揭示。在质的研究中,如果不是特殊情况,研究者通常提倡进行多次访谈。第一次访谈往往是研究者与受访者建立关系的好机会,通常只能了解受访者的一般情况,很难就研究的问题进行深入的探讨。美国学者塞德曼认为,如果要就有关问题对受访者的经历和看法进行比较深入的了解,起码应进行三次访谈。第一次访谈主要粗略地了解一下受访者过去的经历,访谈的形式应该绝对开放,以受访者自己讲故事的方式进行。第二次访谈主要就研究的问题询问受访者目前有关的情况,着重了解事情的有关细节。第三次访谈主要请受访者对自己行为的意义进行反省和解释,重点在认知和情感层面对受访者的反应进行探索,在受访者的行为、思想和情绪之间建立起一定的联系。无论进行多少次访谈我们都应该遵循一个原则:收集的资料要尽可能达到饱和状态。如果我们在后续访谈中得到的资料只是对以前收集到的资料的重复,那就说明访谈的次数已经够了。

第二节　访谈的程序与技巧

一、访谈前的准备工作

　　虽然访谈的形式多种多样,但是对访谈形式的选择应该依据研究的问题、目的、对象、情境和研究阶段的不同而不同。在必要的时候,还可以结合不同的方式进行访谈。大学生社会调查的研究主题一旦确定,接下来就是要对主题进行问题操作化。访谈作为收集资料的重要手段,研究者在访谈之前要做好准备工作。访谈前的准备工作包括以下几个方面。

（一）确定访谈对象

不同的研究问题会有不同的研究对象。例如,有些大学生对医院治疗满意度的问题有兴趣,就可以把研究对象确定为在医院接受过治疗的人群;而有些学生则对医生工作满意度有兴趣,那么他的访谈对象则以医生为主。到目前为止,我们所确定的对象领域仍然过于宏观,还不能具体实施,因此,我们还要缩小我们的访谈对象。具体的访谈对象可以以抽样的方式进行选择,抽样方式可以分为随机与非随机两大类,亦称为概率抽样与非概率抽样。大多数大学生进行社会调查时并没有严格的筛选程序,其访谈对象的确定大多依据调研的方便性,依据自己的关系,依据一些临时机会的组合。

根据不同的对象,我们可以进行问题的细化,因为一些问题在某些人身上比较合适,但是在另一些访谈对象身上可能得不到想要的答案。因此,要根据不同的研究对象进行不同的问题设计。案例 6-1 是一项有关民营医院调查的问题排列,是针对医院管理人员与医生进行的问题设计。

案例 6-1　针对院长的提问

1. 医院的基本情况

请您介绍一下贵院的基本情况和经营现状好吗?

包括:营利性/非营利性、注册资本与总投资、建筑面积、是否有分院(连锁经营)、是否进入了医保定点、科室分布情况、总收入、总支出、职工总人数、医生总数、护士总数、床位、病床使用率、年门诊量、年出院人次数……

2. 院长的履职经历:工作史

(1)您是何时、基于什么考虑来这家医院当院长的?

(2)(在方便谈薪酬的情况下问)您来这家医院前后的薪酬收入分别是怎样的?

董事长兼职院长时,贵院是如何进行利益分配的?

与同类民营和公立医院相比,贵院各个层次的医生、护士的薪酬待遇在什么水平?

(3)贵院董事会对您的管理有何具体要求?上级卫生行政部门又有何要求?

(4)您觉得董事会与卫生部门两方对您的要求在您开展工作时有冲突吗?您是怎样协调二者关系的?您有何改进意见?

很显然,上述问题只能由医院管理者来回答,换了一般的医院工作成员也只是了解其一,不知其二。所以,如果访谈对象是该院的院长,尽量从个人层面与医院的宏观层面进行访谈,这是了解医院的第一手真实资料。至于具体的问题类型,例如一些医生工作的积极性、他们对个人待遇的满意度等,可以再问医生。我们可以遵照 Patton 列出的六种可以询问人们的基本类型来设计问题。这六种类型分别是:①背景或人口统计学问题,比如被访谈者的年龄、教育程度等;②知识问题,用以了解被访谈者所拥有的实际信息(与他们的意见、信念和态度相反);③经历或行为问题,用以了解被访谈者目前正在做或过去已经做过的事情;④信念或价值观问题,用以了解被访谈者对某些话题或问题的想法;⑤感受问题,指被访谈者对其经历的情感反应;⑥感觉问题,用以了解访谈者看到、听到、尝到、闻到或触到了什么。在一个访谈研究中可以问到其中几种类型的问题,也可以问到所有六种类型的问题。

在设计问题的序号排列时,为了与访谈对象能尽快进入叙事场景,可以采用先了解背景再逐步深入的方式,例如先问年龄、籍贯、教育程度等,这样可以使彼此之间相对放松,打破陌生场景,从而能够顺利开启访谈。

(二)确定访谈时间与地点

一旦确定好研究对象,就要适时地选择访谈对象,联系访谈对象,与之商谈访谈的地点以及时间。例如,某课题研究医学院在校学生如何看待医患冲突事件,调查选取了温州市几家医院作为研究对象,接下来的工作就是与医院相关部门联系接洽,并且与医院进一步协商,希望医院能够为访谈安排几位医生进行座谈,了解情况。

一般说来,访谈的时间和地点应该尽量以方便受访者为原则。在医院访谈中,尤其要照顾到医生的忙碌程度,以及坐诊时间。这样做一方面是对受访者表示尊重,另一方面也使受访者在自己选择的地点和时间里感到轻松、安全,可以比较自如地表现自己。研究者在与受访者初次接触时,还应该就访谈的次数和时间长短与对方进行磋商。一个比较充分的收集访谈资料的过程应该包括一次以上的访谈。每次访谈的时间应该在一个小时以上,但最好不要超过两个小时。

(三)协商相关事宜

访谈成功与否在很人程度上取决于访谈者与受访者之间的关系,而访谈关系的建立和保持又在很大程度上取决于双方就有关事宜达成的共识。一般来说,访谈者在访谈开始之前就应该向受访者介绍自己和自己的课题,并且就语言的使用、交谈规则、自愿原则、保密原则和录音等问题与对方进行磋商。

访谈者在向受访者介绍自己的研究课题时，应该告诉对方他们是如何被选择作为访谈对象的，自己希望从他们那里了解哪些情况。访谈者应该尽量做到坦率、真诚，尽自己的可能回答对方提出的问题，帮助对方消除疑虑。访谈者应该向受访者本人表示高度的兴趣，通过自己的言语和非言语行为向对方传递这样一个信息，即：自己不仅仅希望从对方那里得到有关的信息，而且更重要的是了解对方这个人；对方不仅仅是一个"信息源"，而且更重要的是一个活生生的"人"，自己很希望了解这个"人"；自己是一名"学习者"，希望从受访者那里"学"到经验；因此希望对方积极配合，毫无保留地对自己这名"学生"进行"指导"。与此精神相一致的是开放型访谈的交谈风格：访谈者在一开始就应该鼓励受访者主动发表自己的意见，并且明确地告诉对方可以随时打断自己的谈话。

（四）访谈记录的方式

访谈记录在质的研究中占据了一个十分重要的位置，它也是我们后期整理和分析资料的基础。好的访谈记录可以让访谈者迅速获得敏感信息，及时对访谈信息进行反馈。由于质的研究的目的是捕捉受访者自己的语言，了解他们建构世界的方式，因此受访者的谈话最好能够一字不漏地被记录下来。如果可能的话，访谈者应该对访谈进行现场录音或录像。如果条件不允许的话，访谈者应该对访谈内容进行详细的笔录。

陈向明认为现场笔录一般有四种方式：内容型记录、观察型记录、方法型记录和内省型记录。"内容型记录"记的是受访者在访谈中所说的内容，这种记录在无法录音的情况下尤其重要。"观察型记录"记的是访谈者看到的东西，如访谈的场地和周围的环境、受访者的衣着和神情等。"方法型记录"记的是访谈者自己使用的方法以及这些方法对受访者、访谈过程和结果所产生的影响。"内省型记录"记的是访谈者个人因素对访谈的影响，如性别、年龄、职业、相貌、衣着、言谈举止和态度等。

有时候，访谈者可能认为受访者所说的话已经"离题"了，没有记录的必要。但是过后在分析资料的时候，可能会发现那部分资料实际上非常有价值。一般来说，在访谈初期，访谈者很难知道哪些资料有用、哪些资料没有用，因此，最好的预防措施是：记下所有的事情。

然而，过多的现场笔录有可能影响到访谈的质量和研究关系。如果访谈者低头忙于记笔记，受访者可能感到自己没有得到足够的关注，而访谈者自己也很难从对方的表情捕捉到重要的信息。结果，访谈者可能显得思维迟钝,不能快速地对对方所说的话做出回应。而为了弥补这一点,访谈者往往身不由己地加快问话的速度,结果使访谈的质量进一步下降。在这种情况下,受访者可能听不清楚对方的问题,或者被对方心神不宁的样子弄得忐忑不安。

因此,访谈者与其急匆匆地试图记下所有的内容,不如发明一些自己看得懂的速记方法,在访谈进行时对谈话内容进行速记,然后等访谈结束后再找机会将细节补充进去。详记的时间应当越早越好,应在记忆尚未消失之前立刻进行。通常,访谈者事后做记录时往往习惯于用自己的语言对谈话内容进行总结和概括,容易忽略受访者自己的语言和说话的方式。因此,访谈者在事后补充记录时一定要注意将自己放回到访谈的情境之中,身临其境地回忆当时受访者所说的原话。

在上述工作结束后,应当拟定实施访问的程序表,对要做的工作与时间进行安排。这种程序包括:访问前应阅读哪些文献资料,了解社区到哪种程度;有些什么特殊事件或特殊人物应当事先做准备;被访问者应如何安排,如何与其联系;访问地点安排在何处,选择何时进行访谈,大约谈多少时间,访问时如何进行控制等;对可能出现的问题也要事先做出估计并提出应付防范的办法;等等。

（五）选择访问员

在做完之前的准备工作之后,就可以根据研究方向涉及的范围大小,来确定访问调查员的角色。如果所涉及课题研究范围比较小,而且研究者希望与研究对象总体中的受访者逐个亲自接触的话,那么研究者就可以亲自担当访问员的角色。如果研究范围较大,则志愿者参加的或领取一定报酬的访问员就是必需的。研究者首先要确定访问员的数量,这就需要综合考虑课题性质、单次访谈所需时间、样本大小、受访者分布状况等因素。

在大学生的课题调研中,并不存在访问员挑选的问题。一般而言,学生都会组成4～5人的社会调查团队,他们的小组就构成了访问人员组,每个小组成员都是负责课题的访问员。但是对于刚刚接触调查的大学生而言,他们之间应该相互讨论、学习、借鉴经验,逐步形成访问的一些基本素质。虽然很多人提出了访问员应该具有诚实认真、吃苦耐劳、谦虚耐心、活泼开朗、适应能力强、对访谈工作充满兴趣等品质,但是实际上,任何一个志愿者以及调查人员都会在实践中成长,在好的领队人员的带领下,这些访谈中的注意事项以及技巧都可以慢慢领悟并获得。

访问员确定之后,就应该让其马上参与到访问的准备工作中来,让他们尽快熟悉访谈中的注意事项和访谈步骤。这些注意事项和步骤主要包括了编制测量工具和访员工作手册、进行适当的培训、访问员访前联系受访者、初步接触受访者、建立信任关系、协商有关事宜等。

二、进入访谈

在实地访谈之前,有必要与调查对象所属的省、市、区等政府机关或派出所、街道等机构取得联系,在获得对方的允许后,才能着手进行访谈。随着越来越多的研究所、学校、政府机关、商业部门和其他组织使用挨门挨户收集资料的方法,采取这一行动更加不可少。

当研究对象是一个社区或社会组织时,通常都是先和其负责人洽谈,以争取他们的合作。如果是规模较大、涉及面较宽的调查,最好在调查前召开群众大会,并请地区或单位负责人召集主持,向群众阐明调查的目的和意义、调查与群众的利害关系及对群众的要求,这样做能使调查获得很好的配合。有些调查如果能取得当地机关、团体或单位的支持,并派人参加联合调查,则效果更佳。这时,调查力量可以增大,并可得到许多便利条件,群众亦容易给予支持。

"进入访谈"是访谈的开始,它由请求及第一批问题组成,其目的是实现:回答者产生回答问题的动机;做好回答问题的准备。进入访谈是一种真正的艺术,全部资料的可靠性在很大程度上取决于访问者在这方面的表现。

访问者在接近被访者时,首先要进行自我介绍,然后说明来访目的以及为什么要进行此项研究,请求其支持与合作。此外,还要告诉被访者,他是如何被选出来的,根据具体情况有时告诉他是依据科学方法随机抽样的,无特殊目的,他的回答将给予保密;有时则告诉他是因他在社区和这次研究中的重要性而特意挑选的。这一阶段的主要任务是与被访者建立融洽的关系,消除其顾虑,使他们产生参与研究的动机。在这一阶段,最容易出现:陌生感,它使双方拘束无言;被访者以各种原因拒绝受访,访问者因此产生怯场或不耐烦情绪;由于访问者与被访者地位不平等,产生不自然感。因此,为了创造有利于访问的气氛,除对被访者表示礼貌外,为打破僵局,正式谈话前可以先谈谈被访者具备或熟悉的方面,从而消除其拘束感,比如其住房、家庭、爱好等。也有些调查员开头总要先问问被访者是哪里人,再由此展开谈话。

有了利于调查的气氛,就可以详细说明要调查的内容,并提出第一批问题。这时被访者的意识尚未转向具体问题,他必须有一个预先心理上的酝酿过程,因此在调查开始阶段切忌提出一些大而复杂的问题。经验证明,开始问题回答顺利能使被访者信心增强,双方互动协调到这时才可以深入进行访问。

三、访谈的情境控制

访谈中会遇到一些访谈过程离题以及情境破坏等情况,因此,访谈者必须要对访谈情境进行控制。所谓控制是指研究者要牢牢抓住自己所关心的问题,对调查对象进行深究,而不是任由调查对象自我发挥,或者因为外在环境的影响打破访谈情境。在访谈中经常会出现这种内外环境失控的现象,这样一来会浪费大量时间和精力,最终没有达到一个满意的效果。在这里,我们说访谈的控制,主要是内在和外在的两个层面来讲,内在的控制包括了访问者的提问,被访谈者的离题以及谈话情境的中断等,但是同时需要注意的是提问者自身的表情和动作在访谈过程中的控制。

(一)访谈内的情境控制

1. 主题转换时的控制

在某个问题领域已经问到山穷水尽的时候,访谈者需要转换到另一个领域,这样的转变可能会引起受访者的心理不适或者说是情境"转不了弯",这个时候就需要提问的控制性转变。例如在村里访谈村干部时,在问完村庄的基本情况之后,访谈者想问一下受访者的个人情况。如何从一个整体的情境思考中转换到个人身上? 这个时候就需要一种提问的控制,你可以这样问:"您对村里情况这么熟悉,一定是当了很多年的村干部了吧?"这是一种比较顺利的过渡,可以马上引发受访者对自身的思考,其还会承接这个话题,说出自己在当村干部时的一些经历。然后,访谈者就可以深入挖掘村干部的个人情况。

在访谈中经常会谈到一些与访谈主题并没多大关系,但是又与访谈者的个人兴趣有所关联的主题,在这种情况下,可以暂时对自己的兴趣进行控制,或者在自己的笔记本中做一下标记。在访谈主题的问题问完之后,访谈者可以回过头来再进行一些额外的补充,从而实现两者之间的有效补充。如果不适当进行控制,按照访谈者自身的兴趣来进行的话,那么很可能就会拉长访谈时间、增加访谈量,从而引起受访者的反感。

2. 访谈的离题控制

在访问中,常常会发生跑题的现象。这时候,访谈者一定要把受访者的思路拉回到主题问题中来。怎么去控制这种情境性的东西呢? 我们可以通过一些打断话语或者插入话语的方法,使其回到核心问题中来。虽然访谈中存在着多样性的访谈情境,但是访谈的具体时空会限制这种情境性的任意发挥。例如,在谈到某些个人宗教信仰问题时,访谈者可能关心的是受访者个人信仰的形成过程和原因,但是很多老人就会不断地谈及自己的身世、个人遭遇和家庭情况。这些内容对于访谈者而言也很重要,但是已然偏离了主题,这时访谈者就要及时引导受访者回到主题。

怎样让被访谈者回到谈话的焦点问题中来呢?鲁莽的直接打断会引起对方情绪上的反感,直接说"你跑题了",或者直接说"我们关心的是这个问题,不是你刚才所说的一些情况",这些都无助于谈话的持续。我们应该适当地进行过渡,即在承认自己也在倾听的同时,婉转地向其表达自己更关心的问题。例如,我们可以说"你刚才所说的情况很有趣,我深有同感,我们刚才是说的×××问题"等,或者直接以一种动作式的方法转换话题。

(二)访谈外的情境控制

一般开放型或者半结构型的访谈往往会遭遇到很多无法控制的事情,特别是在农村做调研时,访谈者经常会碰到一些意料之外的事情,这些事情会打破原本融洽的访谈氛围。所以,访谈的环境控制其实也就是进入访谈过程中的一些准备工作。在农村调研中,很少有固定的访谈室或者一种半封闭的空间,基本上都是一些比较开放性的场所。访谈可能是在农民的家门口、客厅,甚至是农民的耕作场所中进行。这种参与式的访谈更接近于现实的自然状况,调查人员可以与农民自然地攀谈,并获取所需资料。但也正是因为这种自然性,调查人员对于外在环境的控制就显得尤为必要。

访谈常常可能被各种农民自身的事情所打断。在与调研对象进行访谈的时候,突然发生调研对象临时有事情,或者记起来要去做某些事情,这个时候一定要先安抚调研对象,并迅速对访谈结构进行调整,从而能较早地结束访谈。在对农民进行调研的时候,经常会遇到类似的情况,我们本来与调研对象访谈得非常融洽,突然农民家里来人了,或者调研对象有急事要出去办,这时就不能强制性地为难人家,可以再约定下次访谈的时间。

另一种需要特别注意的情况是,调研对象的朋友或者亲戚参与到访谈中来,打破了一对一的访谈模式,出现了几个人谈论某一问题的现象。这个时候就需要访谈者对访谈环境进行控制,可以采取小组会谈或者继续坚持个人访谈的方式。遇到访谈被干扰的情况,访谈者应该适时地观察周围环境以及受访者是否还愿意继续访谈下去,如果不行,就应该暂时中断另约时间再拜访。如果遇到多人插嘴的情况,你可以这样说:"你刚才说的情况很重要,我待会再来问你,好吗?"

还有一种情况是,访谈的时候有人伴随左右。例如,在农村一开始进行访谈的时候,往往很少找得到人进行访谈,或者你根本不熟悉当地的人和情况。你往往会借助于村干部从中牵线,所以,在开始的时候,村干部找到当地人与你进行访谈,且其会伴随着左右。这个时候就需要你对情境进行监控,你可以说"×村主任,你今天很忙就不用在这里陪同了"等话语为受访者创造出一个良好的自由谈论空间。

四、结束访谈

访谈是一种调查行为,相应地就有终止性的符号,当访问人员与调查对象就相关问题进行完整的交谈之后,可以由访问人员适时结束访谈。结束访谈不一定是因为获得了完整的资料,也有可能是因为一些意外情况,或者是在被访者感到厌倦和疲惫的时候结束访谈。

什么时候结束访谈,这也需要一定的技巧和观察力。例如在访谈中,有些调查对象会出现某些结束访谈的肢体语言,所以,访谈的结束应该根据双方的相互意愿进行。陈向明指出,结束访谈的两个原则为:适可而止和访问时间不宜过长。话虽如此,但实际上结束访谈正如上面所说要根据自己的访谈结构和对方的访谈意愿来行使结束访谈的流程。

在访问完访谈提纲设计中的所有问题,并且得到自己较为满意的答案后,访谈人员认为可以结束访谈了,这个时候就应该适当地采取一些访谈结束的暗示,不让受访者感觉"突兀"或不自在。比较常见的结束访谈的做法就是访问员在结束访谈之前,给受访者一些语言和行为上的暗示,表示访谈可以结束了。事实上,在我们常见的访谈中,结束访谈最常见的做法是合上刚刚还在做笔记的笔记本,同时盖上自己的笔套,一般调查对象看到这种情形就会知道访谈即将结束。

若调查对象显现出不耐烦或者厌倦的情绪,这时候也应该适时结束访谈。一般来讲,这种情况在访谈时间比较长或者调查对象有事情的时候会特别明显,受访者往往会采取一些比较明显的行为来暗示访问者结束访谈。例如,他会不停地去看手机上的时间,或者在有些问题回答上相当简单,不愿意继续展开论述。这个时候访谈人员就应该注意到受访者的心理,适时结束访谈,否则你可能得到不完全真实的信息。

结束访谈还有一些后续的工作,即反思自己的这次调查有没有达到目的,或者本身目的没有达成,该怎么继续进行之后的访谈。这个时候,一定要与被访谈者留下联系方式,或者请被访谈者介绍另外的知悉内容的人员继续进行访谈调查,最后,也可以请被访谈者对这些问题进行总结,让被访谈者谈一下自己的体验和感悟。

五、访谈中的注意事项

访谈应该与观察结合起来,访谈不只是口头的问答,它是调动人类各种感觉器官综合性作用的结果。在与受访者进行口头访谈的同时,你也要去观察其非言语行为,如外貌、衣着、打扮、动作、面部表情、眼神、人际距离、说话和沉默的时间长短、说话时的音量和语速等。受访者的这些非言语行为可以提供很多重要的、言语行为无法提供的信息。

受访者的非言语行为是通过访谈者的观察获得的,也就是说,访谈者在访谈中采用的是一种观察和访谈结合的方式。受访者的非言语行为不仅可以帮助访谈者了解受访者的个性、爱好、社会地位、受教育程度以及他们的心理活动,而且可以帮助访谈者理解他们在访谈中表现出来的言语行为。一般来说,受访者在说话的时候会表现出相应的非言语行为,如高兴时会笑、痛苦时会哭。在访谈的深层次交流中,还会出现一些特别的非言语行为,例如有些老人在讲到自己的身世时,讲到感情深处会开始流泪继而痛哭。访谈者若遇到这种情形,一定要注意自己的非言语行为,你可以停止做笔记,静静听完老人的诉说,或者进行一些劝解,或者是默默等到老人哭完。

访谈者个人的语气和话语也是需要注意控制。在访谈过程中,尤其是一些地方政府牵线的访谈研究,往往存在着权力的地位关系。很多访谈者会在访谈过程中,不自觉得透露出一些命令性的强硬语气,这种命令形式的语气往往会引起被访谈者的心理不适,因此,在访谈中必须要对自己的话语保持某种警惕,同时一定要遵守双方之间的地位平等理念。

六、访谈收尾工作时的注意事项

访谈应该怎么结束,是质的研究者经常询问的一个问题。通常的建议是:尽可能以一种轻松、自然的方式结束。访谈者可以有意给对方一些语言和行为上的暗示,表示访谈可以结束了,促使对方把自己特别想说的话说出来。比如,访谈者可以问对方:"您还有什么想说的"、"您对今天的访谈有什么看法"。如果必要的话,访谈者还可以做出准备结束访谈的姿态,如开始收拾录音机或笔记本等。为了给结束访谈做些铺垫,访谈者也可以谈一些轻松的话题,如询问对方:"您今天还有什么活动安排"、"您最近在忙什么"。如果受访者在此时对是否参与研究仍旧表现出疑虑,访谈者可以再一次许诺自愿原则和保密原则。如果本研究需要对同样的受访者进行多次访谈,访谈者也可以利用这个机会与对方约定下次见面的时间和地点。当然,对所有的受访者,访谈者都应该在访谈结束的时候表示自己真诚的感谢。

第三节 团体访谈

团体访谈,也叫集体访谈或者座谈会,这也是一种在社会调查中经常运用的访谈类型。团体访谈是一个群体互动的社会过程,是在一个主题或者在一个团队内部进行的焦点访谈,通过团体或者集体内部的讨论,把研究者所关心的问题具体化。一般来讲,集体访谈是一种板结构型的访问,中国早期的革命领导人在进行社会调查的时候,经常会运用类似的方法。例如毛泽东倡导并亲自实行的调查会,在革命地区寻乌、兴国等县留下了很珍贵的调研报告。毛泽东曾说:"开调查会,是最简单易行又最忠实可靠的方法,我用这个方法得到了很大的益处。"

一、团体访谈的特点

(一)团体访谈适合对某些问题进行集体性探讨

团体访谈是一种集体的"头脑风暴",在相互探讨中把问题真相完整、真实地揭示出来。在对某些事件进行整体的线索跟踪时,集体访谈是一种特别适用的情境,集体访谈把资料的获取过程和问题的研究过程、认识问题与探索解决问题的方法结合起来。受访者之间的互相激励和刺激作为产生情感和思想的主要手段,将受访者的知识、以往经验、现有意义和情感联系起来,促进研究者加深对事物的认识。我们在社会调查中,特别在政策的执行和理解中,可以较多地运用集体访谈的方法。这样一来,我们对政策的执行环境、执行所遇到的阻力以及执行过程中的一些变异,就有了完整的理解。例如在对农村医保政策的执行状况进行调查时,就可以对社区医生、村干部、村民以及病患者进行一个完整的团体访谈,详细了解政策贯彻过程中每一阶段的特点,期间每一个人都会提出自己对政策的理解程度,从而达到真实性的理解。

(二)团体访谈是调查者和调查对象、调查对象之间的双重互动过程

要使团体访谈能够成功,调查者不仅要组织好调查者与被调查者之间的互动,还要组织好调查对象之间的互动,这就要求调查者有更熟练的访谈技巧及会议组织能力。由此可见,团体访谈是较个别访问层次更高、难度更大

的调查方式。

　　根据长期实践经验，团体访谈人数以5～7人为宜，最好不要超过10人。时间尽量限制在1～3个小时。参加团体访谈的人员应根据研究目的的不同而做不同的选择，但一般应是具有代表性、了解情况、敢于发言，并且最好是相互信任、有共同语言的人。访谈前应事先将访问的具体内容、要求和到会人员的名单告诉参加调查会的全体调查对象。正式访问前，访问者应做好充分的准备，拟好询问提纲。团体访谈可采用两种方式进行，一种是所谓的"头脑风暴法"，即会议主持者不说明会议的明确目的，而只就某一方面的总议题，请到会者自由发表意见，会议主持者不发表意见，更不对别人的意见内容提出评论。另一种方式是"反向头脑风暴法"，即会议首先提出某方面的问题，参加者不仅自己发表意见，而且必须针对别人的意见展开批评与评价，以寻求解决问题的途径。团体访谈时要避免让某些权威人士的发言左右其他人的发言，或受会议主持人的意见影响，而要使各种意见都能得到充分发表。团体访谈最好使用半结构式的访问，这样才能把握重点，否则容易流于空谈，而且一旦争论起来，调查员有可能无法控制局面。

　　由于团体访谈是调查员和调查对象之间的多层次互动，因此，由它所获得的资料较其他访谈的信息更广泛，而且可以互相启发，互相补充，互相核对修正。由于团体访谈同时访问若干人，因而能节省人力、时间，并较快获得有关信息。此外，由于团体访谈常常将调查与研究集于一身，因而会获得一些意外的收获。但这种访问也容易产生一种"团体压力"，使个人屈服于多数人的意见，而不敢表示异见。因此，对于某些敏感的问题，不宜采用这种访问方法。与个别访问相比，团体访谈时不能做到细致深入的了解，它终究只是一种对事物全面、完整的调查研究方法。

二、焦点团体访谈

　　除了团体访谈之外，还有一种市场营销中用来调查消费者对产品的评价意见所召开的集体访谈调查，这种集体访谈调查称为焦点团体访谈。这是一群参与者对某特定主题进行自由互动式讨论，收集比较深入、真实的意见和看法的一种集体访谈方式。焦点团体访谈，常被运用在各种社会调查中，例如电影试映观摩会就是一种焦点团体访谈。实行焦点团体访谈，首先是选择一些人群，这些人群应该与调查目的结合在一起，例如老年群体或者少年群体。其次，根据焦点团体访谈的目的（包括研究目标和预期成果），决定参与者的数量、访谈所需时间和次数，并安排访谈场所。焦点团体访谈成功的关键,除了需要符合研究目的、设计精良的访谈问题,以及挑选能够提供建设性意见的受访者之外,还需要一位熟悉主持事务、专业经验丰富的主持人。

第四节 访谈法的局限性与资料分析

一、访谈法的局限性

当然,访谈只是质性社会调查研究中的一种方法而已,它自身也有一些缺点和局限性。首先,访谈结果的准确性和可靠性可能受到研究者主观素质的影响。访谈法是由访谈人员进行的,因此访谈法的优点的发挥有赖于研究者的素质。如果访谈人员的素质过差,能力不强,缺乏必要的访谈技巧,就有可能影响到访谈过程的有效进行,造成访谈对象不合作或提供虚假信息,这样将极有可能影响到资料的可靠性。访谈结果也容易受到访谈人员主观偏见、价值取向的影响。因此对访谈人员进行培训是必要的。其次,某些问题不宜进行访谈。由于访谈法是面对面进行的,不具有匿名性,因此涉及访谈对象的敏感问题或隐私问题,不宜采用访谈形式。再次,与其他方法相比,访谈法费时、费力、费财。进行访谈时需要对访谈人员进行培训,印制各种访谈提纲,准备录音设备,支付访谈对象一些费用等,因此需要花费很大的人力和物力。而且在结果的整理阶段,也需要大量的时间。最后,访谈的资料难以量化。质的研究中的访谈法的结果是很难量化的。缺乏量化的指标,一般只能以某一答案出现的次数、百分比作为指标,且访谈对象的回答可能有很大的差异性,难以定量计算。这些都导致研究难以做出精确的结论,且该结论也难以得到推广。

此外,访谈法还受到环境、时间和访谈对象情绪状态的限制,同时,访谈对象思考问题时间较短等特点,也影响到访谈法的使用。

任何访问大纲都无法穷举与研究有关的所有问题,面对面的交谈方式可以使受访者回答更多的问题,特别是关于复杂问题和抽象问题。如地方派系或道德观念一类的问题。

访问可以让受访人自由发表意见,又可以在某种程度内控制方向。例如,受访者对农会提出批评,甚至攻击总干事,此时访问人员就可以设法鼓励批评,而适度抑制人身攻击。

访问的弹性相当大,可以重复,一遍不足,再来一遍;可以解释,对于某些特殊事件能用特殊方法说明;可以强调,访问人员与受访者均可用某种方式加强其意义或功用;可以表现或看出恐惧、欢快等情绪。比如讨论地方选举的公平性时,受访者如曾参与竞选或助选,就会出现许多新奇现象,可资访员利用。

访问有较多机会评价所得资料或答案的效度和信度。访问人员可以从受访者的行动、表情或语言中,观察或觉察出他的动机与态度,以分辨报道的真伪。特别是一些争论较多的问题,例如请受访者谈谈工业区对水及空气污染的看法,工厂厂主与当地居民必然形成尖锐的对立。

使用访谈法的这些优点,几乎完全取决于访问人员的灵活运用,即有相当大的分量依赖访问人员的能力。如果访问人员能力不足,或对研究目的不十分了解,这些优点都将受到限制。不只这样,访谈法还有许多其他不易克服的困难。

(1)受访人的数量要受到限制,不能像抽样调查那样大量访问。不只是由于经费和时间,人力和精力也不允许做过多的访问。尤其是涉及大社区的研究,几乎无法进行这类深入的访问。例如,我们在一大型商业集团的访问研究中,大部分受访人都只能回答牵涉较少的问题。不像部落社会,一个头目就知道上下古今。因此,求全的访问工作会显得特别繁重,有时成为不可能。

(2)由于访问对象是少数人,难免会出现以偏概全,把少数人甚至一个人的意见和行为推论到全体。这种推论很可能导致研究者的误解,而产生不当的结论。比如,一个乩童对访员说,全村人都找他求神,都相信他的本领,并且非常灵验。如果根据他的话推论下去,显然会上当。

(3)受访人在报道时,有些事或观念,只是其个人的主观解释或臆测,却把它说成一般的倾向;有时可能记忆错误;有时是缺乏深度认识;有时是访问人员的误解。这些情形也会造成资料的误差或失真。比如,社区负责人把地方派系的恩怨归于选举或民主,这显然是误解,是出于认识不深或主观判断。

(4)访问资料难以量化,不仅使解释范围受到限制,而且使推论无法普遍化。比如,我们在岩村访问了一些人,有的赞成设工业区,有的反对,都提出了许多理由。最后还是无法做出满意的逻辑推理。

(5)访问法中的访问人员与受访者,多半生活在不同的环境中,具有不同的人生观、社会价值、社会经验以及社会关系,对社会现象的看法自然也不同,因而许多记录下来的事件和观点,就难免会发生差错。

二、访谈法的资料分析

访问的目的就是要获得资料,资料太少,不容易得出可靠结论;资料太多,又不容易整理。访问资料用计算机处理的可能性极少,而以人工分类比较妥当。

受访者通常都不太愿意把他的话记下来或录音,访员必须设法说服。记录的方式有两种:当场记录与事后记录。经过受访者允许,当场记录可以从容书写,忘了还可以再问但也不能忽略:①过长的记录会使谈话中断,影响交谈情绪,可能得不偿失;②不要为了详细记录而忘了要点,要点比细节更重要,记录时应权衡轻重。最好的办法是仅记要点,不必贪多,待访谈结束后再行整理,这样的资料将更完整、可用性更高。假如受访者允许录音,则记录要点的办法就更为有用,整理时可以相互对照,减少错误。

事后记录比较麻烦,但有几个办法可以克服这类困难:①强迫或训练自己把访问要点记牢,必要时找机会重复一两次,以免忘掉;②自己预先列出访问顺序,依序访问,访问后的记录有迹可循,这样就容易得多了;③拿一张纸在桌子上乱画,遇有要事,就记一两个字,再精明的人,也不易发觉,整理时有这些字句作为线索,会容易引起联想。

用哪种方式记录都可以,只要符合有用又有效的原则即可。也许你还可以想出其他办法。例如人员许可的话,访问人员与受访者交谈,第三人可在旁边记录,这样既不会中断与扰乱情绪,也不会造成重大遗漏,整理时又有两人互相帮助记忆;即使不能当场记录,有第三者在旁,对整理资料仍然有帮助。记录资料最需要注意的是:条理分明、语意清晰。前者可以帮助分析与解释,后者可以省却许多不必要的思考时间。

记录不只是记下谈话内容,观察到的现象与行动,如有意义的俚语或俗语、一个无可奈何的姿势、一种欢迎的表情,都该记下来。例如,社区里赴结婚宴是一家一家去的,很少人会计较贺礼;拜年时一边埋怨花钱太多,一边却大吃请客。这些现象有时比访问还重要,不可忽略。

用来记录的工具,一般是笔记本或卡片。笔记本方便记录,但使用时查找不便,最好不用。资料少时,分类后用卡片记录亦可,但用于分类的时间往往过多,而当一种资料可以用于几个部分时,必须重抄几次,浪费时间。因此,目前多用麦克比卡记录访问资料。这种卡片的好处是,可以乱记资料,最后再分类打孔;使用时在相同孔中即可将资料找出,非常方便。不过,这种卡片的成本较高,有的人可能认为不符合经济原则。

☞ **实验思考题**

1. 请简述一下访谈与日常口头交谈之间的区别。
2. 访谈法包括哪些步骤？
3. 请简要概括一下结构式访谈法的特点。
4. 访谈需要注意哪些问题？怎么解决这些问题？
5. 如何对团体访谈进行控制？

第七章

计量资料的统计分析

☞ **实验目的**

1. 掌握计量资料的统计描述常用指标的 SPSS 计算方法。
2. 掌握单样本资料的 t 检验及两组独立小样本的 t 检验的 SPSS 操作。
3. 了解单因素方差分析在 SPSS 软件中的实现。

☞ **实验教学内容**

1. 介绍 SPSS 软件的基本窗口和操作。
2. 计量资料的统计描述的操作。
3. t 检验在 SPSS 中的实现和结果解释。
4. 单因素方差分析在 SPSS 中的实现和结果解释。

第一节　SPSS 简介

统计产品与服务解决方案(statistical product and service solutions, SPSS)是国际上流行的权威性统计分析软件之一。SPSS 最突出的特色是友好的窗口菜单式用户界面。由于其统计分析方法也比较全面,再加上其中绝大多数的数据分析功能可通过菜单和对话框操作来完成,所以它很快在非统计专业科研人员中流行起来。2009 年,IBM 公司宣布用 12 亿美元收购统计分析软件提供商 SPSS 公司,并以 IBM SPSS Statistics 来作为软件的名称,2014 年 SPSS 已出至版本 23.0。

一、SPSS 基本窗口

SPSS 启动后显示的是数据编辑窗口（data editor），另外还有结果输出窗口（output viewer）和程序编辑窗口（syntax editor）。

数据编辑窗口形式上类似于我们熟悉的 excel 表格，通常情况下横向为一个观测（case），纵向为一个变量（variable）。其中，在数据窗口（data view）中我们可输入或编辑数据值，在变量窗口（variable view）中可定义和编辑变量的名称、类型、长度、标签、属性变量值的标签值等等。在变量窗口最后一列有一个 measure 项，其中可选 scale、ordinal、nominal 三类来控制变量的测量尺度，粗略地讲，它们分别类似于我们通常所讲的数值变量、等级变量和属性变量。比如，将性别赋值为 1 和 2，只要将其定义为 nominal 变量，在统计分析时系统会按照属性变量对待它，而不会按照 1 和 2 的数值去计算。

二、SPSS 系统的基本菜单

SPSS 打开后的数据编辑窗口中可见 10 个下拉式菜单，可完成多种命令和操作。其中，"File"菜单主要完成文件读入、存储、打印等功能，其中的 open data 菜单中可读入 systat、lutos、excel、sas、dbase、txt 等多种格式的数据，save as 菜单可把 SPSS 格式的 sav 数据转换为 excel、dbase、txt 等其他常见数据库；"Edit"为文本编辑菜单，包括一般 Windows 系统对文本通用的拷贝、剪切、粘贴、查找、替换等操作，其中的 options 菜单中包括很多对 SPSS 的系统设置；"View"为窗口属性菜单，包括与窗口显示状态有关的属性设置；"Data"为一般数据整理菜单，包括对变量的排序、文件合并、拆分、数据分类汇总、选择观测和变量加权等等，其中对计数频数表数据的 χ^2 检验常需对频数变量加权（事实上，原始观测录入数据进行 χ^2 检验不需加权，整理后的频数表做统计分析必须加权）；"Transform"菜单中提供了计算产生新变量、规定随机数种子、变量重新赋值、取变量秩次等操作；"Analyze"菜单包括了主要的统计分析过程，本教材中主要涉及统计分析的菜单选择列在下拉列表中；"Graphs"菜单中包括各种统计图的绘制；"Utilities"菜单包括对当前文件及其变量信息的显示、变量集的定义等等；"Window"菜单可进行窗口切换和最小化；"Help"为求助菜单，内有 SPSS 软件各种关键词的索引帮助以及统计指导，其中还有各模块 SPSS 语法的 pdf 文件查询，对于提高编程技巧很有帮助。

第二节 计量资料的统计描述

一、均数和标准差的SPSS操作与结果解释

例 7－1 某研究者在某高校随机调查了 44 名学生，调查得到了学生的基本情况（性别、身高、体重、每月生活费用和每天上网时间等）。试求学生每月生活费用的平均水平。

（一）分析

大学生每月的生活费用，这属于计量资料。对于对称分布，尤其是服从正态分布的资料，描述其集中趋势（平均水平）可选用算术均数，描述其离散趋势（变异性）可选用标准差和方差。假定每月生活费用为对称分布，在 SPSS 中这些指标的计算可通过“Descriptive”模块实现，数据录入格式如图 7－1 所示。其中每行表示一名学生，每列表示一个变量（指标）。

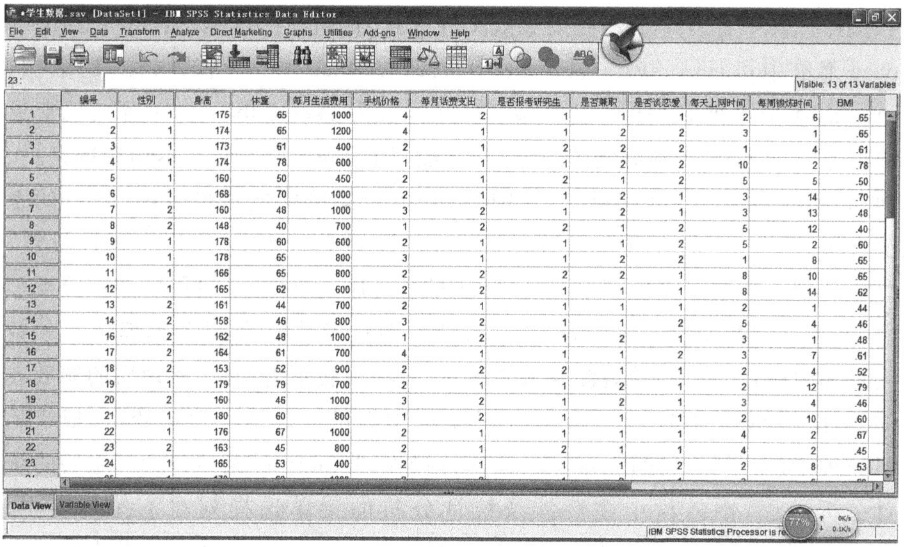

	编号	性别	身高	体重	每月生活费用	手机价格	每月话费支出	是否报考研究生	是否兼职	是否谈恋爱	每天上网时间	每周锻炼时间	BMI
1	1	1	175	65	1000	4	2	1	1	1	2	6	.65
2	2	1	174	65	1200	4	1	1	2	2	3	1	.65
3	3	1	173	61	400	2	1	2	2	2	1	4	.61
4	4	1	174	78	600	1	1	1	2	2	10	2	.78
5	5	1	160	50	450	2	1	2	1	2	5	5	.50
6	6	1	168	70	1000	2	1	1	2	1	3	14	.70
7	7	2	160	48	1000	3	2	1	2	1	3	13	.48
8	8	2	148	40	700	1	2	2	1	2	5	12	.40
9	9	1	178	60	600	2	1	1	1	2	5	2	.60
10	10	1	178	65	800	3	1	1	2	2	1	8	.65
11	11	1	166	65	800	2	2	2	2	1	8	10	.65
12	12	1	165	62	600	2	2	1	1	1	8	14	.62
13	13	2	161	44	700	2	1	1	1	1	2	1	.44
14	14	2	158	46	800	3	2	1	1	2	5	4	.46
15	16	2	162	48	1000	1	2	1	2	1	3	1	.48
16	17	2	164	61	700	4	1	1	1	2	3	7	.61
17	18	2	153	52	900	2	2	2	1	1	2	4	.52
18	19	1	179	79	700	2	1	1	2	1	2	12	.79
19	20	2	160	46	1000	3	2	1	2	1	3	4	.46
20	21	1	180	60	800	1	2	1	1	1	2	10	.60
21	22	1	176	67	1000	2	1	1	1	1	4	2	.67
22	23	2	163	45	800	2	1	2	1	1	4	2	.45
23	24	1	165	53	400	2	1	1	1	2	2	8	.53

图 7－1 大学生基本情况数据

（二）操作

（1）计量资料的集中趋势和离散趋势指标的输出，可通过菜单“Analyze”→“Descriptive Statistics”→“Descriptives...”实现，如图 7－2 所示。点击“Descriptives...”，弹出的对话框如图 7－3 所示。该对话框可分为左右两大

部分,左侧为所有可用的候选变量列表,右侧为选入变量列表。如我们需要描述"每月生活费用",用鼠标选中"每月生活费用",单击中间的"➡"按钮,变量"每月生活费用"的标签就会移入右侧(见图 7 - 4)。

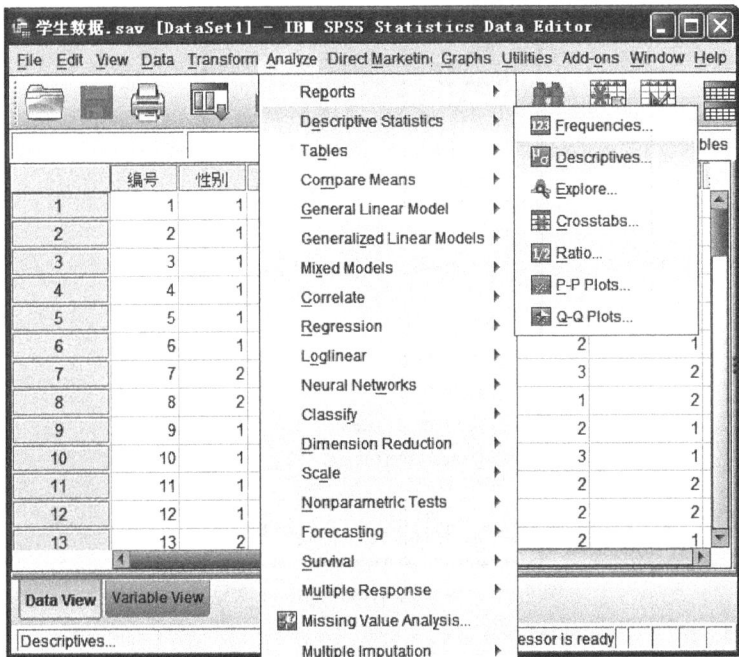

图 7 - 2　描述"Descriptives. . ."的路径

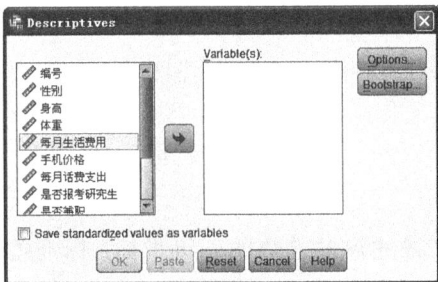

图 7 - 3　Descriptives 对话框(1)

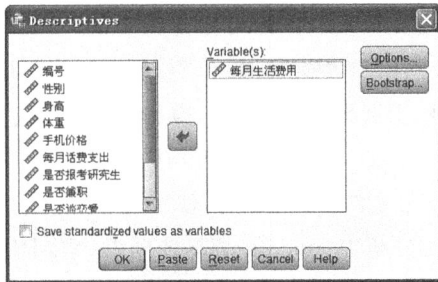

图 7 - 4　Descriptives 对话框(2)

(2) 单击图 7 - 4 右上方的"Options. . ."按钮,系统会弹出一个新的界面,如图 7 - 5 所示。如"Mean"左侧的方框打了"√",则输出结果中将会输出均数;而"Variance"左侧的方框没有打上"√",则输出结果中将不会输出方差,如需将方差的结果输出,那么用鼠标在其左侧的方框点击一下即可打上

"√"。然后点击图 7 - 5 左下方的"Continue"按钮,即回到如图 7 - 4 所示界面,点击左下方的"OK"按钮,其输出结果如图 7 - 6 所示。

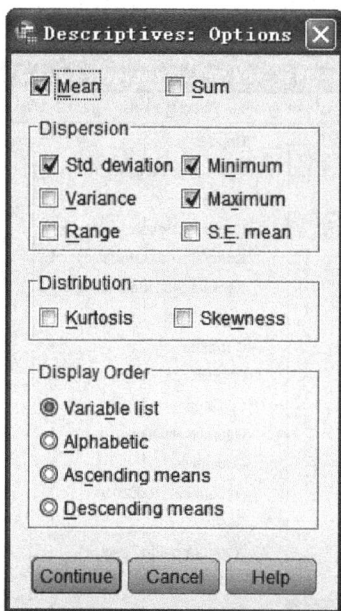

图 7 - 5　Descriptives: Options 对话框

（三）界面说明

对如图 7 - 3 所示的界面简介如下：

（1）"Save standardized values as variables"：确定是否将原始数据经标准化变换后的数值存为新变量。

（2）"Options..."：点击该按钮即弹出 Options 对话框（见图 7 - 5），主要用于选择需要计算的描述性统计指标：

①"Mean"：计算均数。

②"Sum"：计算总和。

③"Dispersion"复选框组：用于定义描述离散趋势的一组指标：标准差（Std. deviation）、方差（Variance）、全距（Range）、最小值（Minimum）、最大值（Maximum）、标准误（S. E. mean）。

④"Distribution"复选框组：用于定义描述分布特征的两个指标：偏度系数（Skewness）和峰度系数（Kurtosis）。

⑤"Display Order"复选框组：用于选择输出结果的排序,可以选择为变量列表顺序（Variable list）、字母顺序（Alphabetic）、均数升序（Ascending means)或均数降序(Descending means)。

（四）结果解释

图 7 - 6 中，"N"为分析的例数，"Valid N(listwise)"为分析的有效例数，"Minimum"为最小值，"Maximum"为最大值，"Mean"为均数，"Std. deviation"为标准差，"Variance"为方差。即大学生平均每月的生活费用为822.73 元，标准差为 251.150 元。

Descriptive Statistics

	N	Minimum	Maximum	Mean	Std. Deviation	Variance
每月生活费用	44	400	1500	822.73	251.150	63076.110
Valid N (listwise)	44					

图 7 - 6　Descriptives 的主要输出结果

二、中位数和四分位数的 SPSS 操作与分析

例 7 - 2　计算例 7 - 1 中学生每天上网时间的中位数和四分位数。

（一）分析

假定学生每天上网时间这一变量不服从正态分布，对于偏态分布的资料，集中趋势的指标需选用中位数，离散趋势的指标需选用四分位数。数据录入格式如图 7 - 1 所示。中位数和四分位数等指标的输出可通过"Frequencies"模块实现。

（二）操作

(1) 通过菜单"Analyze"→"Descriptive Statistics"→"Frequencies..."，可实现中位数和四分位数等指标的输出。点击"Frequencies..."，弹出的对话框如图 7 - 7 所示。用鼠标选中"每天上网时间"，单击中间的"➡"按钮，变量"每天上网时间"的标签就会移入右侧。

(2) 单击图 7 - 7 右上方的"Statistics..."按钮，系统会弹出一个新的界面，如图 7 - 8 所示。用鼠标在"Percentile(s)"左侧的方框点击一下即可打上"√"，这时即可在"Percentile(s)"右侧的方框中输入需要的百分位数，如输入"25"，然后点击"Percentile(s)"下方的"Add"按钮，则数值"25"进入"Add"按钮右侧的方框中，输入"75"，则输出第 75 百分位数；用鼠标在"Median"左侧的方框点击一下即可打上"√"（见图 7 - 9）。点击图 7 - 9 左下方的"Continue"按钮，即回到如图 7 - 7 所示界面，点击左下方的"OK"按钮，其输出结果如图 7 - 10 所示。

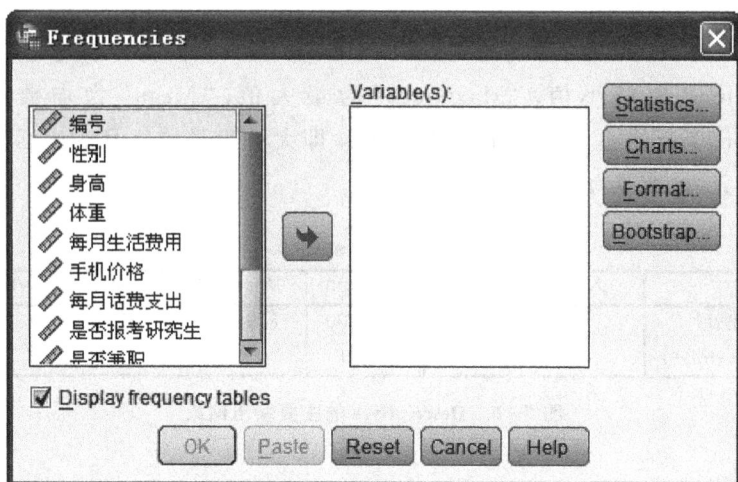

图 7 - 7 Frequencies 对话框

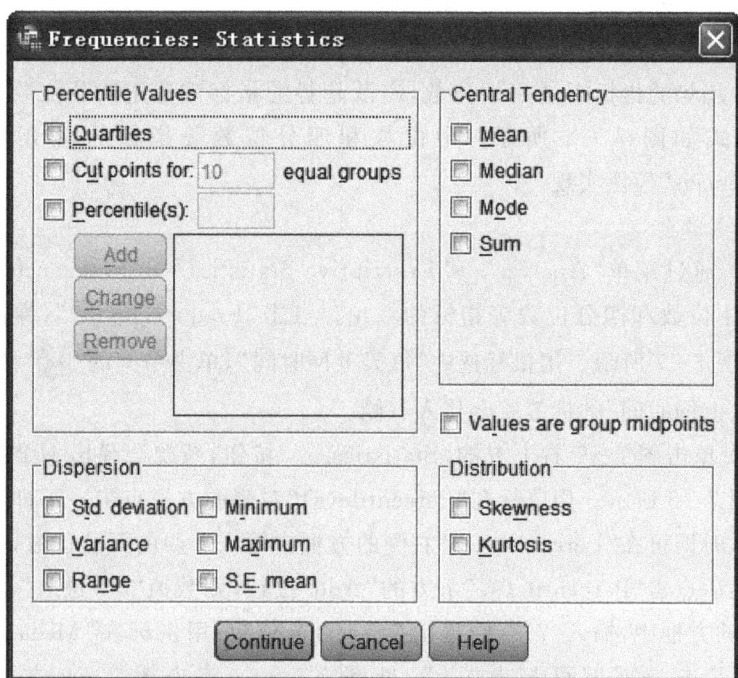

图 7 - 8 Frequencies：Statistics 对话框(1)

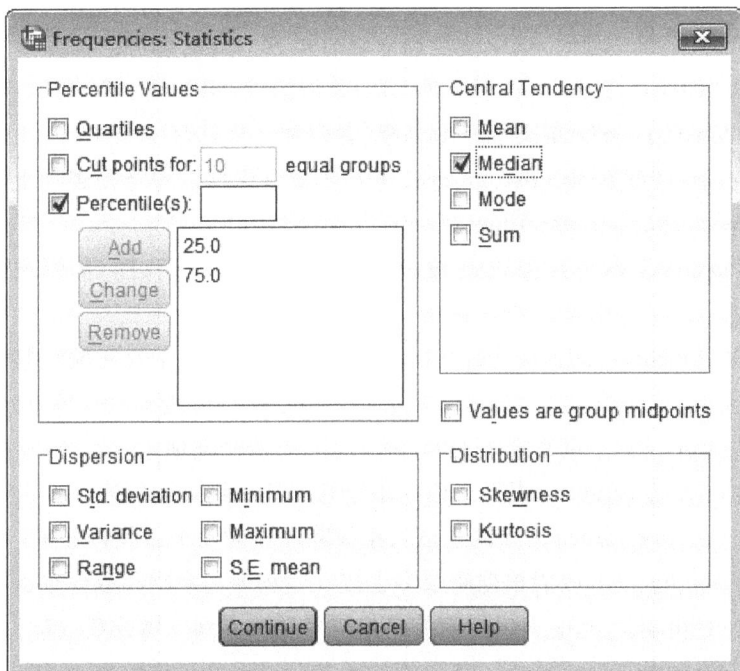

图 7 - 9　Frequencies：Statistics 对话框(2)

（三）界面说明

对如图 7 - 7 所示的界面简介如下：

（1）"Display frequency tables"：确定是否在结果中输出频数表。

（2）"Statistics..."：单击后弹出 Statistics 对话框（见图 7 - 8），主要用于定义需要计算的描述性统计指标，现将各部分解释如下：

①"Percentile Values"复选框组：定义需要输出的百分位数，可计算四分位数（Quartiles）、每隔指定百分位输出当前百分位数（Cut points for equal groups）或直接指定某个百分位数（Percentile(s)），如直接指定输出 P 2.5 和 P 97.5。

②"Central Tendency"复选框组：用于定义描述集中趋势的一组指标：均数（Mean）、中位数（Median）、众数（Mode）、总和（Sum）。

③"Dispersion"复选框组：用于定义描述离散趋势的一组指标：标准差（Std. deviation）、方差（Variance）、全距（Range）、最小值（Minimum）、最大值（Maximum）、标准误（S. E. mean）。

④"Distribution"复选框组：用于定义描述分布特征的两个指标：偏度系数（Skewness）和峰度系数（Kurtosis）。

⑤"Values are group midpoints"：当你输出的数据是分组频数数据，并且具体数值是组中值时，选中该复选框以通知 SPSS，免得它犯错误。

（3）"Charts…"：点击后弹出 Charts 对话框，用于设定所做的统计图。

①"Chart type"：定义统计图类型，有四种选择：无、条图（Bar chart）、圆图（Pie chart）、直方图（Histogram），其中直方图还可以选择是否加上正态曲线（Show normal curve on histogram）。

②"Chart Values"：定义是按照频数还是按百分比作图（即影响纵坐标刻度）。

（4）"Format…"：点击后弹出 Format 对话框，用于定义输出频数表的格式：

①"Order by"：定义频数表的排列次序，有四个选项：

Ascending values 为根据数值大小按升序从小到大做频数分布；

Descending values 为根据数值大小按降序从大到小做频数分布；

Ascending counts 为根据频数多少按升序从少到多做频数分布；

Descending counts 为根据频数多少按降序从多到少做频数分布。

②"Multiple Variables"：如果选择了两个以上变量做频数表，则：

Compare variables，可以将它们的结果在同一个频数表过程输出结果中显示，便于互相比较；

Organize output by variables，则将结果在不同的频数表过程输出结果中显示；

Suppress Tables with many categories，当频数表的分组数大于下面设定数值时禁止它在结果中输出，这样可以避免产生巨型表格。

（四）结果解释

图 7-10 中大学生每天上网时间的 Median（中位数）为 2.75 小时，Percentile 25（第 25 百分位数）为 2 小时，Percentile 75（第 75 百分位数）为 4 小时。

Statistics

每天上网时间

N	Valid	44
	Missing	0
Median		2.75
Percentiles	25	2.00
	75	4.00

图 7-10　Frequencies 主要输出结果

第三节　t 检验

假设检验的基本思想是,为了判断总体的某个特征,先根据决策要求,对总体特征做出一个原假设,然后从总体中抽取一定容量的随机样本,计算和分析该样本数据,对总体的原假设做假设检验,进而做出拒绝或不拒绝原假设(零假设)的决策。对于计量资料,常采用的统计分析方法有 t 检验和方差分析。

一、单样本 t 检验

（一）正态性检验

例 7 - 3　从某医学院男大学生中,随机抽取了 22 名男生,他们的身高如表 7 - 1 所示。假定全国成年男性的平均身高为 172cm,问该医学院男生平均身高与全国成年男性平均身高是否不同?

表 7 - 1　某医学院 22 名男大学生身高　　　　　　单位:cm

编号	1	2	3	4	5	6	7	8	9	10	11
身高	175	174	173	174	160	168	178	178	166	165	179
编号	12	13	14	15	16	17	18	19	20	21	22
身高	180	176	165	170	173	168	171	172	175	170	176

1. 分析

一般可以认为身高、体重、血压等生理指标是属于正态分布的。为证实该样本来自于正态分布的总体,我们在进行 t 检验前须对该样本进行正态性检验。SPSS 中正态性检验可通过"Explore"模块实现。数据录入的格式如图 7 - 11 所示。

2. 操作

(1)"Analyze"→"Descriptive Statistics"→"Explore...",出现的对话框如图 7 - 12 所示。

(2)在弹出的对话框左侧的变量列表中,单击选择本次检验的指标"身高",点击最上面的"⬇"按钮,将"身高"调入"Dependent List"栏中。

(3)点击"Plots...",在弹出的对话框(见图 7 - 13)中点击"Normality

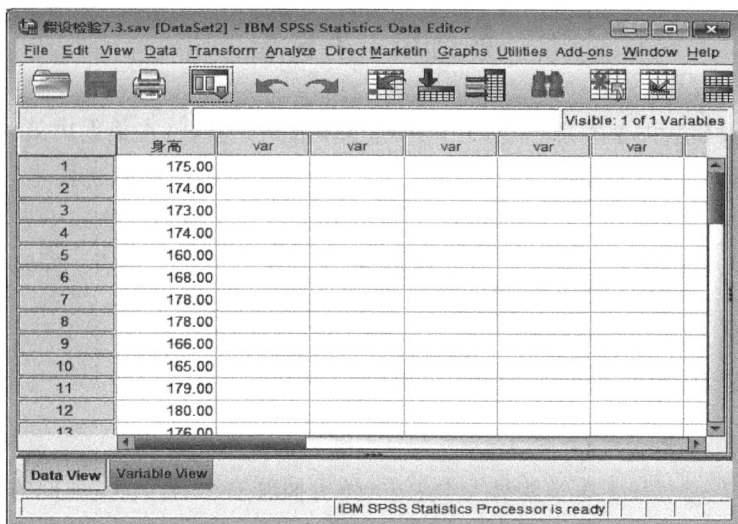

图 7 - 11　例 7 - 3 的数据录入格式

plots with tests"前的方框,使方框出现"√",并点击"Continue"按钮。待返回如图 7 - 12 所示的界面后,单击"OK"按钮。

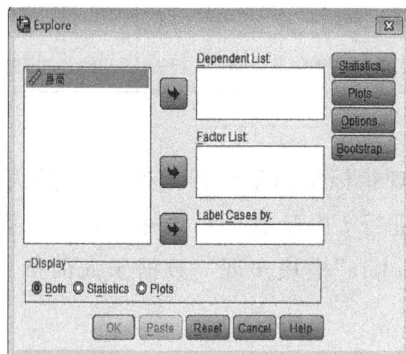

图 7 - 12　例 7 - 3 正态性检验对话框

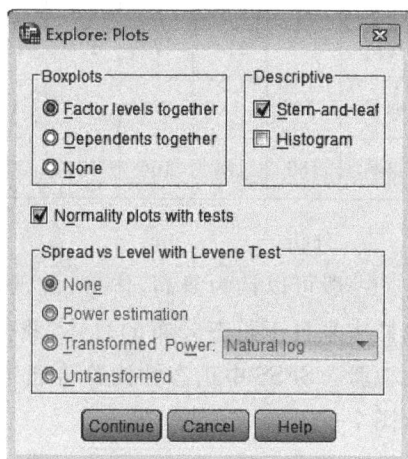

图 7 - 13　例 7 - 3 正态性检验的 Plots 选项

3. 界面说明

对如图 7 - 12 所示的界面简介如下:

(1)"Display"框:用于选择输出结果中是否包含统计描述、统计图或两者均包括。

（2）"Dependent List"框：用于选入需要分析的变量。

（3）"Factor List"框：如果想让所分析的变量按某种因素取值分组分析，则在这里选入分组变量。

（4）"Label Cases by"框：选择一个变量，它的取值将作为每条记录的标签。最典型的情况是使用记录号的变量。

（5）"Statistics..."：弹出 Statistics 对话框，用于选择所需要的描述统计量。有如下选项：

①"Descriptives"：输出均数、中位数、众数、5％修正均数、标准误、方差、标准差、最小值、最大值、全距、四分位全距、峰度系数、峰度系数的标准误、偏度系数、偏度系数的标准误及指定的均数可信区间。

②"M-estimators"：做中心趋势的粗略最大似然确定，输出四个不同权重的最大似然确定数。

③"Outliers"：输出五个最大值与五个最小值。

④"Percentiles"：输出第 5％、10％、25％、50％、75％、90％、95％位数。

（6）"Plot..."：弹出 Plot 对话框，用于选择所需要的统计图。有如下选项：

①"Boxplots"：确定箱式图的绘制方式，可以是按组别分组绘制（Factor levels together），也可以不分组一起绘制（Depentends together），或者不绘制（None）。

②"Descriptive"：可以选择绘制茎叶图（Stem-and-leaf）和直方图（Histogram）。

③"Normality plots with test"：绘制正态分布图，并进行变量是否符合正态分布的检验。

④"Spread vs. Level with Levene Test"：当选择了分组变量时，绘制 spread-versus-level 图，设置绘图时变量的转换方式，并进行组间方差齐性检验。

（7）"Options..."：用于选择对缺失值的处理方式，可以是不分析有任一缺失值的记录、不分析计算某统计量时有缺失值的记录，或报告缺失值。

4. 结果解释

例 7-3 进行正态性检验的主要结果如图 7-14 所示，SPSS 19.0 软件对该组数据"身高"采用 Kolmogorov-Smirnov 和 Shapiro-Wilk 两种方法进行了正态性检验。每一种检验从左到右分别为检验统计量（Statistic）、自由度（df）、P 值（Sig.）。结果显示 P 值分别为 0.200 和 0.291，均大于 0.05，因此可认为"身高"服从正态分布。

Tests of Normality

	Kolmogorov-Smirnov[a]			Shapiro-Wilk		
	Statistic	df	Sig.	Statistic	df	Sig.
身高	.091	44	.200*	.970	44	.291

a. Lilliefors Significance Correction
*. This is a lower bound of the true significance.

图 7-14　例 7-3 正态性检验的结果

（二）单样本 t 检验

单样本 t 检验是常用于判断样本来自的未知总体均数与已知总体均数是否相等的方法。假设样本 $x_1, x_2, \cdots, x_n$ 是简单随机样本，来自正态总体 $N(\mu, \sigma^2)$，方差 σ^2 未知。在方差未知的情况下，对总体均值进行假设检验，检验统计量可采用自由度为 $n-1$ 的 t 分布。检验统计量的计算公式为：

$$t = \frac{\bar{x} - x_0}{S/\sqrt{n}}, \qquad \upsilon = n-1 \qquad\qquad (7-1)$$

现对例 7-3 进行单样本 t 检验。

1. 分析

"身高"为计量资料，且已对该数据进行了正态性检验，满足正态性。故可对例 7-3 采用单样本 t 检验。单样本 t 检验数据录入格式如图 7-11 所示。在 SPSS 中均值比较的模块为"Compare Means"。

2. 操作

（1）"Analyze"→"Compare Means"→"One-Samples T Test…"，出现单样本 t 检验的对话框。

（2）在弹出的对话框左侧的变量列表中，单击选择本次检验的指标"身高"，单击" ➡ "按钮，将变量选入到"Test Variable(s)"框中。由于此次检验的目的是检验样本来自的总体均值是否为 172cm，因此还须在"Test Value"右侧的空白框中填上"172"，如图 7-15 所示，并点击"OK"按钮。

（3）由于在统计学中置信水平通常为 0.95，故 SPSS 软件中置信水平也默认为 0.95。若置信水平为其他数值，可进行以下操作。单击"Options…"，在弹出的对话框"Confidence Interval Percentage"这一栏中，可输入可信区间的检验水准，如图 7-16 所示，点击"Continue"按钮（若检验水准为 0.95 可以不进行该步操作）。

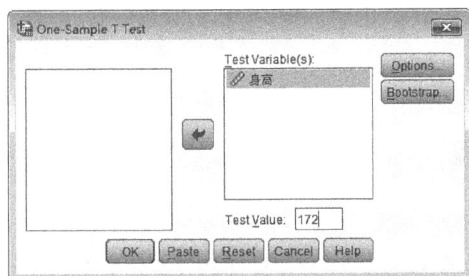

图 7 - 15　例 7 - 3 的 t 检验对话框

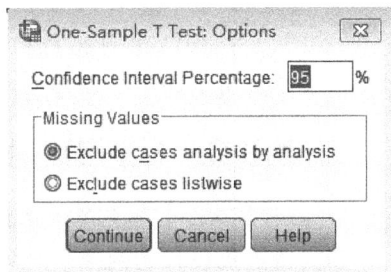

图 7 - 16　例 7 - 3 的 t 检验的 **Options** 选项

3. 界面说明

操作界面如图 7 - 15 所示,这里对界面中的部分按钮及选项介绍如下:

(1)"Test Variable(s)":用于选入需要分析的变量。如果选入多个变量,可以分别进行多组的单样本 t 检验。

(2)"Test Value":可输入已知的总体均数,默认值为 0。

(3)"Options":点击弹出 Options 对话框(见图 7 - 16),用于定义相关的选项。

①"Confidence Interval Percentage":用于输入需要计算的均数差值可信区间范围,默认为 95%。如果是和总体均数为 0 相比,则此处计算的就是样本所在总体均数的可信区间。

②"Missing Values":定义分析中对缺失值的处理方法,可以是具体分析用到的变量有缺失值才去除该记录(Exclude cases analysis by analysis),或只要相关变量有缺失值,则在所有分析中均将该记录去除(Exclude cases listwise)。默认为前者,以充分利用数据。

4. 结果解释

例 7 - 3 进行 t 检验的主要结果如图 7 - 17 所示,计算出了平均身高与 172cm 差值的可信区间并进行了假设检验。其结果共分为以下 5 个部分。t 值为 0.082,自由度(df)为 21,双侧检验的 P 值(Sig.(2-tailed))为 0.935,

One-Sample Test

					95% Confidence Interval of the Difference	
	t	df	Sig. (2-tailed)	Mean Difference	Lower	Upper
身高	.082	21	.935	.09091	-2.2065	2.3883

图 7 - 17　例 7 - 3 单样本 t 检验的结果

样本平均身高与 172cm 的差值为 0.09091cm，差值的 95％ 可信区间为 (－2.2065,2.3883)。由于双侧检验 $P＝0.935＞0.05$,不拒绝零假设,因此还不能认为该班级男同学平均身高不等于 172cm。

二、两独立小样本均数 t 检验

（一）两独立小样本均数 t 检验方法说明

当完全随机设计的两样本均数需进行比较时,我们通常采用两独立样本 t 检验。两独立样本 t 检验要求两样本所代表的总体服从正态分布,且两总体方差相等（若两者总体方差不齐,可采用 t' 检验、变量变换或用秩和检验方法处理）。t 检验的公式为:

$$t = \frac{\overline{x_1} - \overline{x_2}}{S_{\overline{x_1} - \overline{x_2}}} \qquad (7-2)$$

式中: $\overline{x_1}$ 和 $\overline{x_2}$ 为两样本均数；$S_{\overline{x_1} - \overline{x_2}}$ 为均数之差的标准误:

$$S_{\overline{x_1} - \overline{x_2}} = \sqrt{S_c^2 \times \left(\frac{1}{n_1} - \frac{1}{n_2}\right)} \qquad (7-3)$$

S_c^2 为两样本合并方差,是两样本方差的加权平均:

$$S_c^2 = \frac{(n_1 - 1)S_1^2 + (n_2 - 1)S_2^2}{n_1 + n_2 - 2} \qquad (7-4)$$

n_1 和 n_2 分别是两组样本含量,按自由度 $v = n_1 + n_2 - 2$ 的 t 分布界定 P 值并做出推断结论。

（二）两独立小样本均数 t 检验举例

例 7-4 从某医学院大二学生中,随机抽取了男生和女生各 22 名,他们的身高如表 7-2 所示。问该医学院男女大学生身高是否不同?

表 7-2 某医学院男女大学生身高　　　　　单位：cm

	编号	1	2	3	4	5	6	7	8	9	10	11
男生	身高	175	174	173	174	160	168	178	178	166	165	179
	编号	12	13	14	15	16	17	18	19	20	21	22
	身高	180	176	165	170	173	168	171	172	175	170	176
女生	编号	1	2	3	4	5	6	7	8	9	10	11
	身高	160	148	161	158	162	164	153	160	163	155	155
	编号	12	13	14	15	16	17	18	19	20	21	22
	身高	162	165	167	160	162	158	163	160	156	155	158

1. 分析

例 7 - 4 中的数据属于完全随机设计的计量资料,欲比较两样本均数来自的总体均数是否相等,可采用两独立样本 t 检验。在进行两独立样本 t 检验时需满足方差齐性的前提,因此进行方差齐性检验是不可或缺的步骤。SPSS在进行两独立样本 t 检验时会自带给出方差齐性检验的结果。将男女大学生身高均录入至第一列,再将性别录入至第二列,其中"1"表示男生,"2"表示女生。数据录入的格式如图 7 - 18 所示。

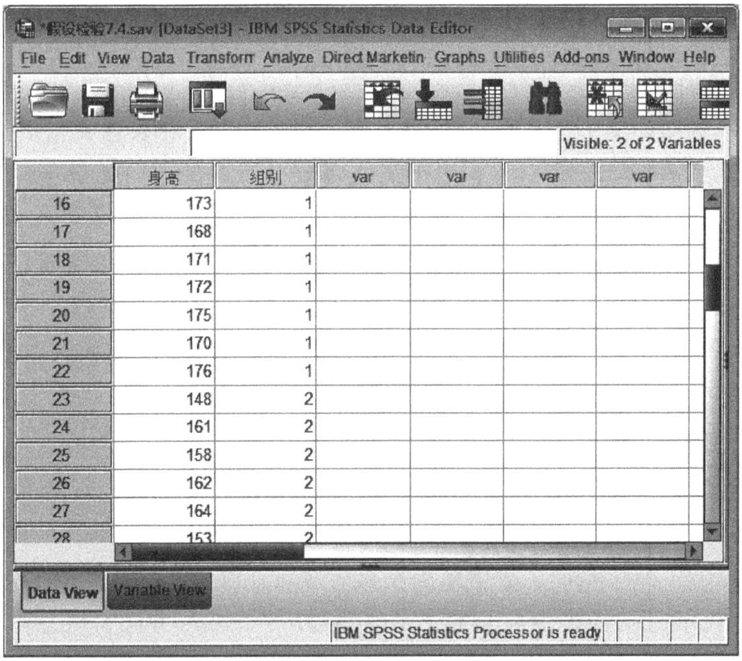

图 7 - 18　例 7 - 4 两独立样本 t 检验数据录入格式

2. 操作

(1) "Analyze" → "Compare Means" → "Independent-Samples T Test...",出现两独立样本 t 检验的对话框,如图 7 - 19 所示。

(2) 在弹出的对话框左侧的变量列表框中,单击本次检验的指标"身高",再单击上面的" → "按钮,将变量选入到"Test Variable(s)"框中,然后类似地将变量列表框中的"组别"选入到"Grouping Variable"框中。单击"Define Groups...",在弹出的对话框中,录入两组的赋值"1"和"2",如图 7 - 20 所示,并点击"Continue"按钮。回到如图 7 - 19 所示界面后,再点击"OK"按钮。

(3) "Options..."选项默认即可。

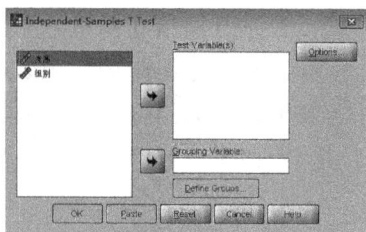

图 7 - 19　两独立样本 t 检验对话框(1)　　图 7 - 20　两独立样本 t 检验对话框(2)

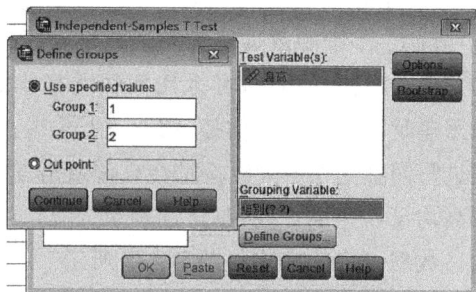

3. 界面说明

操作界面如图 7 - 19 所示,这里对界面中的部分按钮及选项介绍如下:

(1)"Test Variable(s)":用于选入需要分析的变量。如果选入多个变量,可以分别进行多组的两独立样本 t 检验。

(2)"Grouping Variable":用于选入分组变量。注意选入变量后还要定义需比较的组别。

(3)"Define Groups...":用于定义需要相互比较的两组的分组变量值。

(4)"Options...":计算 95% 的可信区间。

4. 结果解释

如图 7 - 21 所示,上半部分为假设两总体方差相等的结果(Equal variances assumed),下半部分为假设两总体方差不相等的结果(Equal variances not assumed)。表中结果左数前两列分别为进行方差齐性检验的 F 值及 P 值,由于方差齐性检验的 $F=0.491, P=0.487$,可认为该总体中男女同学身高的方差是相等的。因此本次检验可读取上半部分作为最终结果,即两总体方差相等的结果。

左数第三列开始分别为 t 值(t)、自由度(df)、双侧检验 P 值(Sig. (2-tailed))、均数之差(Mean Difference)、均数之差的标准误(Std. Error Difference)以及两样本均数差的可信区间(95% Confidence Interval of the

Independent Samples Test

| | | Levene's Test for Equality of Variances | | t-test for Equality of Means | | | | | | |
| | | | | | | | | | 95% Confidence Interval of the Difference | |
		F	Sig.	t	df	Sig. (2-tailed)	Mean Difference	Std. Error Difference	Lower	Upper
身高	Equal variances assumed	.491	.487	8.629	41	.000	12.80519	1.48399	9.80822	15.80217
	Equal variances not assumed			8.657	40.661	.000	12.80519	1.47910	9.81734	15.79305

图 7 - 21　例 7 - 4 两独立样本 t 检验的结果

Difference）。本列中 $t = 8.629$，$P < 0.001$，可认为该医学院男女生身高不同。

如果方差齐性检验的结果显示两总体方差不相等，此时应选用 t' 检验。SPSS 软件操作步骤与上述两独立样本 t 检验相同，只是在选择最终结果时，选两总体方差不相等的结果（即下半部分的结果）。

三、配对 t 检验

（一）配对 t 检验方法说明

配对 t 检验主要用于检验配对的两组数据有无差别。在配对设计的样本数据中，每对数据之间都有一定的相关性，如果采用两独立样本的 t 检验就无法利用两样本的配对关系，将浪费大量统计信息。在 SPSS 中，配对 t 检验将两组数据录入为长度相同的两列，不需录入其组别，数据的每一行即为一对配对数据。本质上配对 t 检验就是对成对的数据差值进行单样本 t 检验，检验其差值是否等于 0。

（二）配对 t 检验举例

例 7-5　为了研究孪生兄弟的出生体重是否与其出生顺序有关，共收集了 15 对顺产孪生儿的出生顺序和出生体重，如表 7-3 所示。试问孪生儿中先出生者的出生体重与后出生者的出生体重是否不同？

表 7-3　15 对孪生兄弟的出生体重　　　　单位：kg

编号	1	2	3	4	5	6	7	8
先出生者体重	2.79	3.06	2.34	3.41	3.48	3.23	2.27	2.48
后出生者体重	2.69	2.89	2.24	3.37	3.50	2.93	2.24	2.55
编号	9	10	11	12	13	14	15	
先出生者体重	3.03	3.07	3.61	2.69	3.09	2.98	2.65	
后出生者体重	2.82	3.05	3.58	2.66	3.20	2.92	2.60	

1. 分析

该数据属于计量资料，设计类型为配对设计（每对孪生兄弟为一对子），故可对此例采用配对 t 检验。但在进行配对 t 检验时，差值需满足正态性。正态性检验在单样本 t 检验中已介绍，这里不再重复。将先出生者体重录入至第一列，再将后出生者体重录入至第二列。数据录入的格式以对子的形式输入，如图 7-22 所示。

图 7 - 22　例 7 - 5 配对 t 检验的数据录入格式

2. 操作

（1）"Analyze"→"Compare Means"→"Paired-Samples T Test…"，出现配对 t 检验的对话框。

（2）在弹出的对话框左侧的变量列表中，单击选择成对分析的变量"先出生者体重"和"后出生者体重"，单击中间的"➡"按钮，将变量选入到"Paired Variables"变量列表中，如图 7 - 23 所示，并点击"OK"按钮。

（3）"Options…"选项默认即可。

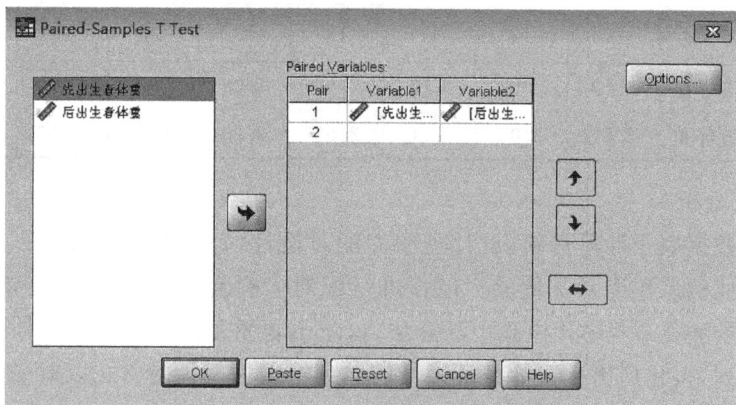

图 7 - 23　例 7 - 2 配对本 t 检验对话框

3. 界面说明

(1)"Paired Variables"：用于选入希望进行比较的一对或几对变量,选入变量需要成对成对地选。

(2)"Options"：计算可信区间,默认即可。

4. 结果解释

对例 7-5 进行配对 t 检验的结果如图 7-24 所示,其结果从左到右依次给出了"先出生者体重"和"后出生者体重"差值的均数(Mean)、标准差(Std. Deviation)、均数的标准误(Std. Error Mean)、差值总体的 95% 可信区间 (95% Confidence Interval of the Difference),以及 t 值(t)、自由度(df)、双侧 P 值(Sig. (2-tailed))。本例中 $t=2.327$,$P=0.035<0.05$,可认为孪生儿的出生顺序与出生体重有关,且孪生儿中先出生者的出生体重大于后出生者的出生体重。

Paired Samples Test

		Paired Differences					t	df	Sig. (2-tailed)
		Mean	Std. Deviation	Std. Error Mean	95% Confidence Interval of the Difference				
					Lower	Upper			
Pair 1	先出生者体重 - 后出生者体重	.06267	.10430	.02693	.00491	.12043	2.327	14	.035

图 7-24　例 7-5 配对 t 检验的结果

第四节　单因素方差分析

一、单因素方差分析方法说明

两独立样本均数的比较可采用 t 检验,而对于独立地来自正态分布总体且总体方差相等的多个样本均数的比较,由于涉及多个样本之间的均值比较,此时 t 检验不再适用。方差分析是解决这一问题的重要分析方法。

二、单因素方差分析举例

例 7-6　在评价某药物耐受性及安全性的 I 期临床试验中,将符合纳入标准的 30 名健康志愿者随机分为 3 组,每组 10 名,各组注射剂量分别为 0.5U、1U、2U,观察 48 小时部分凝血活酶时间(s),相关数据如表 7-4 所示。试问三种剂量下部分凝血活酶时间是否有差异?

表 7 - 4　各剂量组 48 小时部分凝血活酶时间

组别	部分凝血活酶时间(s)									
0.5U	35.9	39.4	38.8	35.7	39.6	37.1	39.6	36.4	37.1	37.1
1U	39.5	38.8	40.5	38.3	38.3	40.6	40.2	37.8	38.2	39.3
2U	37.4	38.4	35.4	35.5	35.7	39.5	38.4	37.3	38.0	36.5

（一）分析

该设计为完全随机设计，指标为计量资料，如果资料满足正态性和方差齐性，则考虑用单因素方差分析，其录入数据格式与两独立样本 t 检验录入数据相似，只是组别数更多。观测指标"部分凝血活酶时间"作为一列，组别作为另一列，其中 1="0.5U"、2="1U"、3="2U"，数据录入如图 7 - 25 所示。

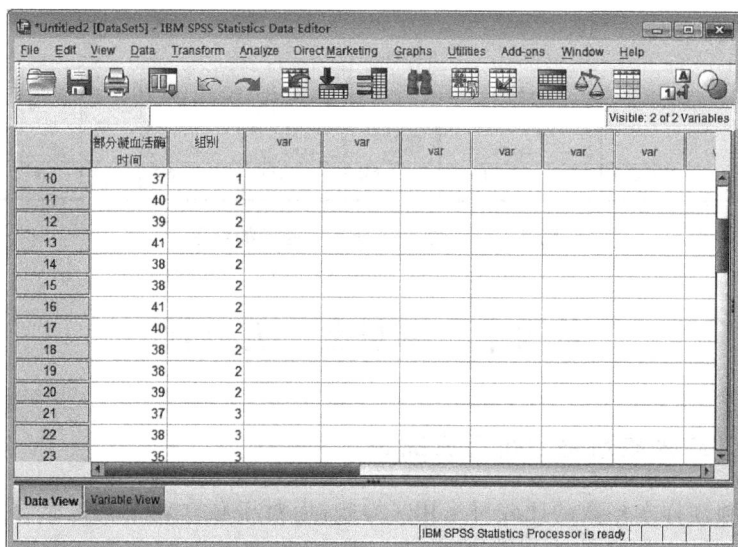

图 7 - 25　例 7 - 6 的数据录入格式

（二）操作

（1）"Analyze"→"Compare Means"→"One Way ANOVA..."，在弹出的对话框左侧的变量列表中，单击待分析的变量"部分凝血活酶时间"，点击上面的"→"按钮，将变量选入到"Dependent List"框中。单击"组别"，点击下面的"→"按钮，将变量选入到"Factor"框中，如图 7 - 26 所示。

（2）点击"Options..."按钮，弹出 Options 对话框（见图 7 - 27），分别在统计描述（Descriptive）和方差齐性检验（Homogeneity of variance test）左侧

的方框打上"√",然后点击"Continue"按钮,回到如图 7 - 26 所示的界面,点击"OK"按钮即可完成单因素的方差分析。

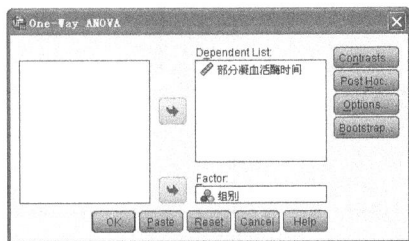

图 7 - 26 例 7 - 6 单因素方差分析的对话框

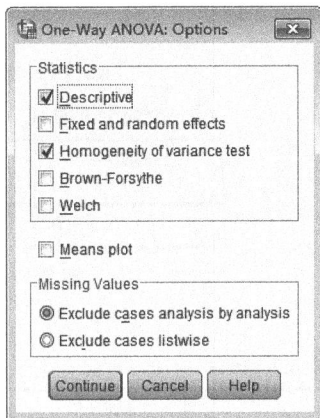

图 7 - 27 单因素方差分析 Options 选项

（三）界面说明

（1）"Dependent List"：选入需要分析的变量,可选入多个结果变量（应变量）。

（2）"Factor"：选入需要比较的分组因素,只能选入一个。

（3）"Contrasts..."：弹出 Contrasts 对话框,用于对精细趋势检验和精确两两比较的选项进行定义。

（4）"Post Hoc..."：弹出 Post Hoc Multiple Comparisons 对话框,用于选择进行各组间两两比较的方法,有：

①"Equal Variances Assumed"：当各组方差齐时可用的两两比较方法,共有 14 种,其中最常用的为 LSD 法和 S-N-K 法。

②"Equal Variances Not Assumed"：一组当各组方差不齐时可用的两两比较方法,共有 4 种,其中以 Dunnetts's C 法较常用。

③"Significance Level"：定义两两比较时的显著性水平,默认为 0.05。

（5）"Options..."：弹出 Options 对话框,用于定义相关的选项,有：

①"Statistics"：选择一些附加的统计分析项目,有统计描述（Descriptive）和方差齐性检验（Homogeneity of variance test）等。

②"Means plot"：用各组均数作图,以直观地了解它们的差异。

③"Missing Values"：定义分析中对缺失值的处理方法,可以是具体分析用到的变量有缺失值才去除该记录（Exclude cases analysis by analysis）,或只要相关变量有缺失值,则在所有分析中均将该记录去除（Exclude cases listwise）。

默认为前者,以充分利用数据。

(四)结果解释

方差分析主要的输出结果如图 7-28 和图 7-29 所示。

Test of Homogeneity of Variances

部分凝血活酶时间

Levene Statistic	df1	df2	Sig.
1.578	2	27	.225

图 7-28　方差齐性检验结果

ANOVA

部分凝血活酶时间

	Sum of Squares	df	Mean Square	F	Sig.
Between Groups	20.552	2	10.276	5.719	.008
Within Groups	48.515	27	1.797		
Total	69.067	29			

图 7-29　单因素方差分析结果

图 7-28 方差齐性检验结果显示 $P=0.225>0.05$,可认为满足方差齐性的要求。图 7-29 为单因素方差分析的结果,列出了方差分析表,其中第一列的三个数据分别为组间变异、组内变异和总变异,第三至六列分别为自由度 (df)、均方差(Mean Square)、F 值(F)和 P 值(Sig.)。本例中 $F=5.719$,$P=0.008<0.05$,可认为三种不同剂量的部分凝血活酶时间不全相同。本例拒绝 H_0,只说明三组部分凝血活酶时间不全相同,欲知哪两组不同,还需进行多重比较。多重比较可通过图 7-26 界面中的"Post Hoc..."模块实现。SPSS 软件提供了很多常用的多重比较方法,如 LSD、Bonferroni 和 S-N-K等方法供用户根据研究需要进行选择。

☞ **实验思考题**

1. 一位犯罪学家研究了判决的不公正是否是基于被告的种族。他随机选取了 24 位被控入室行窃的被告,并比较了样本中的 14 名白人和 10 名黑人的刑期。白人和黑人被告的刑期(年)显示如下。利用这些数据,检验白人和黑人入室行窃的被告的刑期没有差异的零假设。

白人	黑人
3	4
5	8
4	7
7	3
4	5
5	4
6	5
4	4
3	6
2	5
4	
3	
3	
2	

2. 一位心理学家研究了十几岁少年的社会性程度的性别差异。以好朋友的数量（人）作为测量指标，他比较了 11 名女性和 9 名男性少年的社会性程度。检验男女之间的社会性程度不存在差异的零假设。这个检验的结果意味着什么？

女	男
8	1
3	5
1	8
7	3
7	2
6	1
8	2
5	4
6	5
8	
5	

3. 10名被判定犯了针对黑人的种族歧视罪的成年白人，在观看一场旨在降低种族主义的电影的前后都被进行了态度测量。通过下列对10名被试者在黑人歧视表中的分数，检验这部电影没有降低种族主义态度的零假设。这个检验的结果意味着什么？

成年白人	之前	之后
A	36	24
B	25	20
C	26	26
D	30	27
E	31	18
F	28	17
G	27	19
H	29	27
I	27	19
J	31	30

4. 为了研究短期讲座对于学生对毒品非法使用的态度的影响，测量了10名学生在参加了一次由前吸毒者所做的说服性讲座的前后态度。通过下面的态度得分（分值越高代表越赞成使用毒品），检验反毒品讲座对于学生们的态度没有影响的零假设。这个检验的结果意味着什么？

学生	之前	之后
A	5	1
B	9	7
C	6	5
D	7	7
E	3	1
F	9	6
G	9	5
H	8	7
I	4	4
J	5	5

5. 曾有一位美国研究者想用一个实验来研究饮酒和吸大麻对驾驶的影响。8 位随机选取的对象被要求饮酒直到法律允许的程度,然后进行模拟驾驶测验(分数从最高的 10 到最低的 0)。另 8 位被选取的对象被要求吸大麻并进行同样的驾驶测验。最后,一个清醒的控制组也进行了驾驶测验。通过下面给出的测验分数,检验各组均值的差异的显著性。

酒精组	毒品组	控制组
3	1	8
4	6	7
1	4	8
1	4	5
2	3	7
3	4	5
2	2	6
4	3	8
5	4	9

第八章

分类资料的统计分析

☞ **实验教学目的**

1. 掌握四格表资料的 χ^2 检验 SPSS 操作过程与结果解释。

2. 掌握配对设计资料的 χ^2 检验 SPSS 操作过程与结果解释。

3. 了解多个独立样本 R×C 列联表资料的 χ^2 检验 SPSS 操作过程。

☞ **实验教学内容**

1. 四格表资料的 χ^2 检验 SPSS 操作过程与结果解释。

2. 配对设计资料的 χ^2 检验 SPSS 操作过程与结果解释。

3. 独立样本 R×C 列联表资料的 χ^2 检验 SPSS 操作过程与结果解释。

第一节 四格表资料的 χ^2 检验

一、四格表资料的 χ^2 检验方法说明

在调查研究中,我们经常会获得二分类变量资料,如抽样调查某医学院大学生的结果为兼职、不兼职;近视、不近视;吸烟、不吸烟等。对于二分类变量资料,常用的统计分析方法为四格表资料的 χ^2 检验。

其计算公式为:

$$\chi^2 = \sum \frac{(A-T)^2}{T}, \qquad V = (\text{行数}-1)(\text{列数}-1) \qquad (8-1)$$

式中:A 为实际频数;T 为理论频数;V 为自由度。

理论频数计算公式为：

$$T_{RC} = \frac{n_R n_C}{n} \qquad (8-2)$$

式中：T_{RC} 为第 R 行第 C 列的理论频数；n_R 为相应行的合计数；n_C 为相应列的合计数；n 为总例数。

二、四格表资料的 χ^2 检验举例

例 8 - 1 某研究者想了解某校在校大学生不同性别的兼职情况是否相同，随机抽取了某校大学生 44 人，调查他们的兼职情况（结果为兼职、不兼职）。问该校男女兼职率是否不同？

（一）分析

男女大学生是否兼职，这属于二分类变量资料（即两样本率的比较问题）。在 SPSS 中进行两样本率的比较在"Crosstabs"交叉表模块进行。数据录入格式如图 8-1 所示。其中，每行表示一名学生，每列表示一个变量；性别变量"1"表示男性，"2"表示女性；兼职变量"1"表示兼职，"0"表示不兼职。

图 8 - 1 大学生是否兼职情况

（二）操作

（1）四格表资料的 χ^2 检验可通过菜单"Analyze"→"Descriptive Statistics"→"Crosstabs..."实现。

（2）点击"Crosstabs..."，弹出的对话框如图 8-2 所示。在左侧的变量列表中，选中行变量"性别"，单击按钮"⬇"，将变量选入到"Row(s)"列表框

中;将列变量"兼职"选入到"Column(s)"列表框中,如图 8-3 所示。

（3）点击图 8-3 右上方的"Statistics..."按钮,系统会弹出一个新的界面(见图 8-4)。用鼠标在"Chi-square"左侧的方框点击一下即可打上"√",表示选择做 χ^2 检验,点击"Continue"按钮,回到图 8-3。

（4）点击"Cells...",弹出一个新的界面(见图 8-5),可根据结果显示的需要,选择"Observed"(显示四个格子的实际频数)、"Expected"(计算四个格子的理论频数)、"Row"(显示行百分比)、"Column"(显示列百分比)或"Total"(显示合计的行和列百分比),然后点击"Continue"按钮,即回到图 8-3,最后再点击"OK"按钮,即可得到统计分析结果。

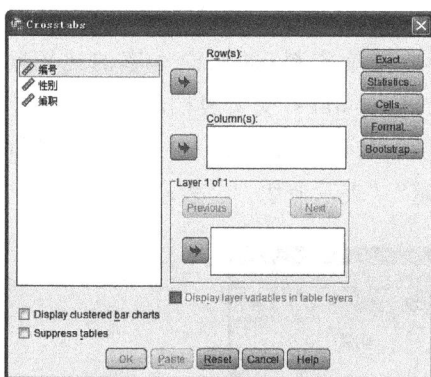

图 8-2　Crosstabs 对话框(1)

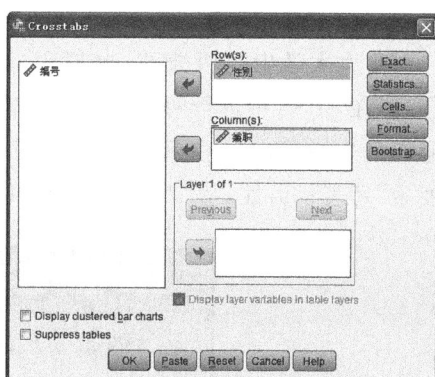

图 8-3　Crosstabs 对话框(2)

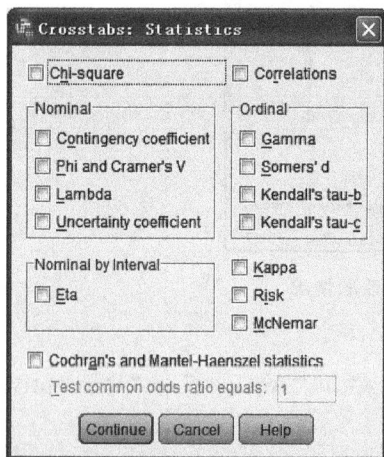

图 8-4　Crosstabs：Statistics 对话框

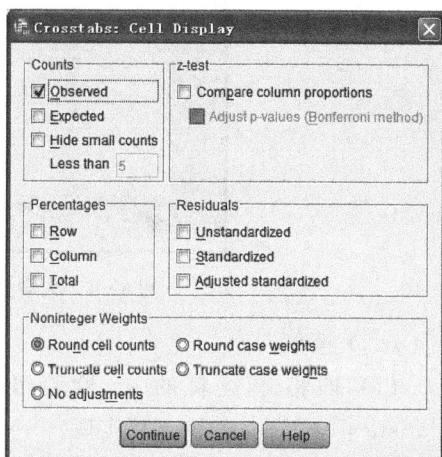

图 8-5　Crosstabs：Cell Display 对话框

（三）界面说明

对如图 8 - 2 所示的界面简介如下：

（1）"Row(s)"：用于选择行×列表中的行变量。

（2）"Column(s)"：用于选择行×列表中的列变量。

（3）"Layer"：Layer 指的是层,对话框中的许多设置都可以分层设定,在同一层中的变量使用相同的设置,而不同层中的变量分别使用各自层的设置。如果要让不同的变量做不同的分析,则将其选入"Layer"框,并用"Previous"和"Next"按钮设为不同层。

（4）"Display clustered bar charts"：显示重叠条图。

（5）"Suppress tables"：禁止在结果中输出行×列表。

（6）"Exact..."：针对 2×2 以上的行×列表设定计算确切概率的方法,可以是近似计算(Asymptotic only)、蒙特卡罗模拟(Monte Carlo)或确切计算(Exact)。蒙特卡罗模拟默认进行 10000 次模拟,给出 99％ 可信区间;确切计算默认计算时间限制在 5 分钟内。这些默认值均可更改。

（7）"Statistics..."：弹出 Statistics 对话框(见图 8 - 4),用于定义所需计算的统计量：

①"Chi-square"：计算 χ^2 值。

②"Correlations"：计算行、列两变量的 Pearson 相关系数和 Spearman 等级相关系数。

③"Norminal"：选择是否输出反映分类资料相关性的指标,很少使用。

"Contingency coefficient"：列联系数,其值介于 0～1;

"Phi and Cramer's V"：这两者也是基于 χ^2 值的,Phi 在四格表 χ^2 检验中介于 -1～1,在 R×C 表 χ^2 检验中介于 0～1,Cramer's V 则介于 0～1;

"Lambda"：在自变量预测中用于反映比例缩减误差,其值为 1 时表明自变量预测应变量好,为 0 时表明自变量预测应变量差;

"Uncertainty coefficient"：不确定系数,以熵为标准的比例缩减误差,其值接近 1 时表明后一变量的信息很大程度来自前一变量,其值接近 0 时表明后一变量的信息与前一变量无关。

④"Ordinal"：选择是否输出反映有序分类资料相关性的指标,很少使用。

"Gamma"：介于 0～1,所有观察实际数集中于左上角和右下角时,其值为 1;

"Somers' d"：为独立变量上不存在同分的偶对中,同序对子数超过异序对子数的比例；

"Kendall's tau-b"：介于−1~1；

"Kendall's tau-c"：介于−1~1。

⑤"Eta"：计算 Eta 值,其平方值可认为是应变量受不同因素影响所致方差的比例。

⑥"Kappa"：计算 Kappa 值,即内部一致性系数。

⑦"Risk"：计算比数比 OR 值。

⑧"McNemar"：进行 McNemar 检验(配对 χ^2 检验)。

⑨"Cochran's and Mantel-Haenszel statistics"：计算 χ^2 M-H 统计量(分层 χ^2),可在下方输出 H_0 假设的 OR 值,默认为1。

(8)"Cells..."：点击弹出 Cells 对话框(见图 8-5),用于定义列联表单元格中需要计算的指标：

①"Counts"：是否输出实际观察数(Observed)和理论数(Expected)；

②"Percentages"：是否输出行百分数(Row)、列百分数(Column)以及合计百分数(Total)；

③"Residuals"：选择残差的显示方式,可以是实际数与理论数的差值(Unstandardized)、标化后的差值(Standardized,实际数与理论数的差值除以理论数),或者由标准误确立的单元格残差(Adjusted Standardized)。

(四) 结果解释

对例 8-1 进行卡方检验的输出结果如图 8-6 和图 8-7 所示。

性别 * 是否兼职 Crosstabulation

			是否兼职		Total
			是	否	
性别	男	Count	10	12	22
		% within 性别	45.5%	54.5%	100.0%
	女	Count	15	7	22
		% within 性别	68.2%	31.8%	100.0%
Total		Count	25	19	44
		% within 性别	56.8%	43.2%	100.0%

图 8-6　男女大学生兼职情况

图 8-6 为交叉列表,行变量为"性别",列变量为"是否兼职",其中"Count"为实际频数,"% within 性别"为行百分比,即男性中兼职的百分比为45.5%,不兼职的百分比为54.5%；而女性中兼职的百分比为68.2%,不兼职的百分比为31.8%。

Chi-Square Tests

	Value	df	Asymp. Sig. (2-sided)	Exact Sig. (2-sided)	Exact Sig. (1-sided)
Pearson Chi-Square	2.316[a]	1	.128		
Continuity Correction[b]	1.482	1	.223		
Likelihood Ratio	2.338	1	.126		
Fisher's Exact Test				.223	.112
Linear-by-Linear Association	2.263	1	.132		
N of Valid Cases	44				

a. 0 cells (.0%) have expected count less than 5. The minimum expected count is 9.50.
b. Computed only for a 2x2 table

图 8-7　男女大学生兼职情况卡方检验输出结果

图 8-7 给出了几种方法的检验结果，从左到右分别为：检验统计量值（Value）、自由度（df）、双侧近似概率（Asymp. Sig.（2-sided））、双侧精确概率（Exact Sig.（2-sided））、单侧精确概率（Exact Sig.（1-sided））。从上到下分别为：Pearson 卡方（Pearson Chi-square）、连续性校正的卡方（Continuity Correction）、对数似然比方法计算的卡方（Likelihood Ratio）、Fisher's 精确概率法（Fisher's Exact Test）、线性相关的卡方值（Linear-by-Linear Association）、有效记录数（N of Valid Cases）。另外，"Pearson Chi-square"卡方值 2.316 处标注有 a 表示没有格子的理论频数小于 5；"Continuity Correction"处标注有 b 表示只为 2×2 表计算。

在实际工作中，对于四格表资料，通常规定：

（1）当 $n \geqslant 40$ 且所有的 $T \geqslant 5$ 时，用四格表卡方检验（Pearson Chi-square）。

（2）当 $n \geqslant 40$ 但有 $1 \leqslant T < 5$ 时，用连续性校正的卡方检验（Continuity Correction）。

（3）当 $n < 40$ 或 $T < 1$ 时，这时不能用卡方检验，需改用 Fisher's 精确概率法（Fisher's Exact Test）。

本例中 $n = 44 > 40$ 且所有的 $T \geqslant 5$，满足四格表卡方检验的条件，无须校正，可直接采用第一行 Pearson Chi-square 的结果（见图 8-7），$\chi^2 = 2.316$，$P = 0.218 > 0.05$。即在是否兼职这一调查结果中，男生和女生的比例差异无统计学意义。

第二节 配对设计资料的 χ^2 检验

一、配对设计资料的 χ^2 检验方法说明

在调查研究中,有时我们需对调查对象进行两次调查,获得调查对象的两次调查结果,如结果为二分类变量资料,可用配对四格表资料的 χ^2 检验进行分析。

其计算公式为:

$$\chi^2 = \frac{(b-c)^2}{b+c}, \qquad v=1 \qquad\qquad (8-3)$$

式中:b、c 分别为两观察对象不同结局的实际数;v 为自由度。

二、配对设计资料的 χ^2 检验举例

例 8-2 一名高校教师想了解在经历一系列的教学方法改革后,学生对教师教学方法的看法。表 8-1 是他随机抽取 120 名学生的调查结果。试问学生对教学方法的态度是否有所改变?

表 8-1 学生对教学方法的态度

教学改革前	教学改革后	
	满意	不满意
满意	35	14
不满意	29	42

(一)分析

本例中的研究者对调查对象重复调查了两次,其结果为二分类变量资料。即本例属于配对设计的计数资料,欲比较教学改革前后学生对教学方法的满意度是否不同,应采用配对四格表资料的 χ^2 检验进行分析。

数据编码,"1"表示满意,"0"表示不满意。共需输入三个变量,分别是教改前的态度、教改后的态度和频数,数据录入如图 8-8 所示。

这里需注意例 8-2 的数据和例 8-1 的数据不同,例 8-1 的数据为原始数据,而本例的数据为经过整理后的数据(频数表数据)。因此对例 8-2 的数据的输入和对例 8-1 的数据的输入不同,如表 8-1 中教学改革前后均满意的人数为 35 人,如果按原始数据的格式输入,则需要输入 35 行,即教改前为

"1",教改后也为"1"的情况就需录入 35 行,其余三种情况共需录入 85 行,这样录入数据比较麻烦且易出错。对于频数表的数据,可以采用频数表的形式录入,但需对频数变量进行加权,才能让 SPSS 软件识别频数变量。

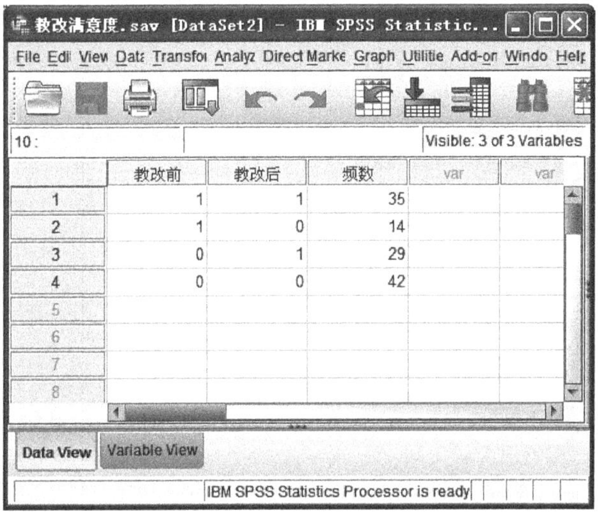

图 8-8　例 8-2 对应的数据集

(二) 操作

(1) 首先对频数变量进行加权,可通过菜单"Data"→"Weight Cases..."实现频数变量的加权(见图 8-9)。点击"Weight Cases...",弹出的对话框如图 8-10 所示。该对话框左侧为所有可用的候选变量列表,右侧为两种选择,上面一种不需进行加权,下面一种需要进行加权。点击"Weight cases by",再选择"频数"变量,单击按钮"➡",将变量选入到"Frequency Variable"列表框中(见图 8-11),点击"OK"按钮。注意,这时如果 SPSS 数据窗口界面右下角出现了"Weight On"的字样,说明已成功对频数变量进行了加权。

(2) 配对设计资料的 χ^2 检验可通过菜单"Analyze"→"Descriptive Statistics"→"Crosstabs..."实现。通过点击"Crosstabs...",弹出一个新的对话框,将"教改前"变量选入到"Row(s)"列表框中,将"教改后"变量选入到"Column(s)"列表框中,如图 8-12 所示。点击"Statistics...",出现如图 8-13 所示界面,与四格表资料的卡方检验不同的是,这里选择的是"McNemar"。在"McNemar"左侧的方框点击一下即可打上"√",这表示选择做 McNemar 检验,然后点击"Continue"按钮,即回到图 8-11,再点击"OK"按钮,其输出结果如图 8-14 所示。

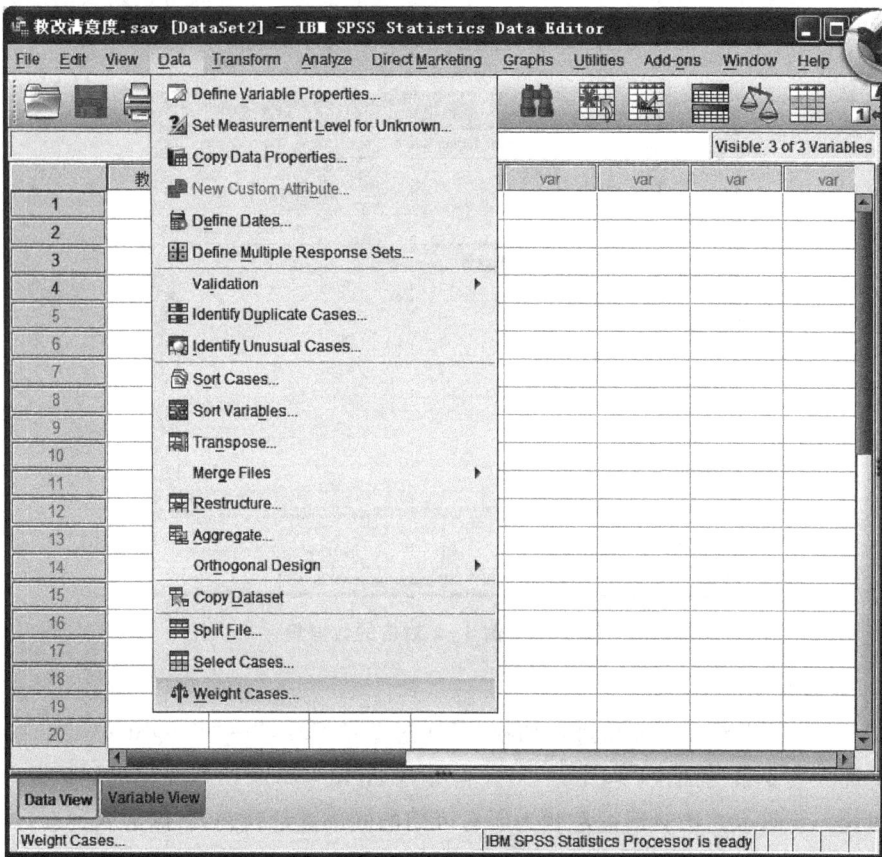

图 8 - 9　Weight Cases 下拉菜单

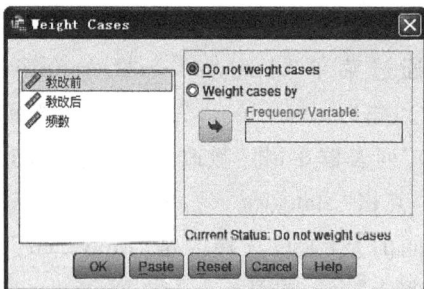

图 8 - 10　Weight Cases 对话框(1)

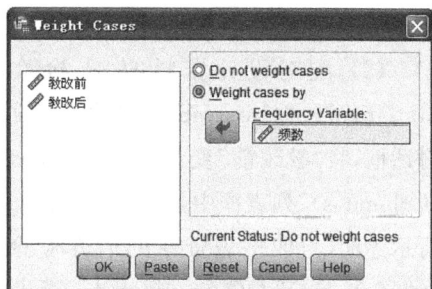

图 8 - 11　Weight Cases 对话框(2)

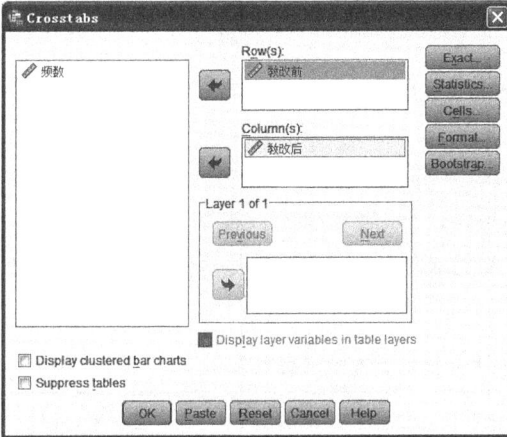

图 8 - 12 Crosstabs 对话框

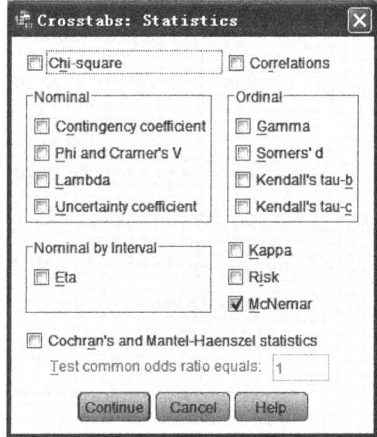

图 8 - 13 Crosstabs：Statistics 对话框

（三）界面说明

同例 8 - 1，这里不再重复说明。

（四）结果解释

注意，图 8 - 14 中的结果不输出 McNemar 检验的统计量值，仅输出 P 值。输出结果中有一备注"a. Binominal distribution used"，表明此处的统计结果为基于二项分布的原理计算出的精确概率，而不是课本上介绍的方法，因此此处没有卡方值。本例中 $P=0.032<0.05$，可认为改革前后学生对教学的满意度发生了变化，满意度由 40.8% 升高到 53.3%。

Chi-Square Tests

	Value	Exact Sig. (2-sided)
McNemar Test		.032[a]
N of Valid Cases	120	

a. Binomial distribution used.

图 8 - 14 学生对教学方法态度的配对卡方检验结果

第三节 多个独立样本 R×C 列联表资料的 χ^2 检验

一、多个样本率比较的 χ^2 检验

（一）多个样本率比较的 χ^2 检验方法说明

计算公式为：

$$\chi^2 = \sum \frac{(A-T)^2}{T}, \qquad V = (行数-1)(列数-1) \qquad (8-4)$$

式中：A 为实际频数；T 为理论频数；V 为自由度。

（二）多个样本率比较的 χ^2 检验举例

例 8-3 某医学院抽样调查大学一年级、二年级和三年级学生近视眼患病情况，一年级学生的近视率为 85.0%，二年级学生的近视率为 86.2%，三年级学生的近视率为 88.7%，调查结果见表 $8-2$。试问该大学各年级的近视眼患病率是否不同？

表 8-2　三个年级大学生的近视眼患病情况

年级	近视(人)	非近视(人)	合计(人)	近视率(%)
一年级	51	9	60	85.0
二年级	56	9	65	86.2
三年级	55	7	62	88.7
合计	162	25	187	86.6

1. 分析

男女大学生是否近视，这属于二分类变量资料，因有三个年级，所以为三个样本率的比较问题。在 SPSS 中进行多个样本率的比较也在"Crosstabs"交叉表模块进行。数据录入格式如图 $8-15$ 所示，第一列为年级变量，其中"1"表示一年级，"2"表示二年级，"3"表示三年级；第二列为近视变量，其中"1"表示近视，"0"表示非近视；第三列为频数。

2. 操作

（1）首先对频数变量进行加权，可通过菜单"Data"→"Weight Cases..."实现频数变量的加权。具体加权方法同例 $8-2$。

（2）多个独立样本 R×C 列联表资料 χ^2 检验可通过菜单"Analyze"→"Descriptive Statistics"→"Crosstabs..."实现。通过点击"Crosstabs..."，弹出一个新的对话框，将"年级"变量选入到"Row(s)"列表框中，将"近视"变量选入到"Column(s)"列表框中，如图 $8-16$ 所示。

（3）点击右上方的"Statistics..."按钮，系统会弹出一个新的界面（见例 $8-1$ 中的图 $8-4$）。用鼠标在"Chi-square"左侧的方框点击一下即可打上"√"，表示选择做 χ^2 检验，点击"Continue"按钮，回到图 $8-16$。点击"Cells..."，弹出一个新的界面（见例 $8-1$ 中的图 $8-5$），可根据结果显示的需要进行选择。本例选择"Row"，即在"Row"左侧的方框点击一下即可打上

图 8 - 15　例 8 - 3 对应的数据集

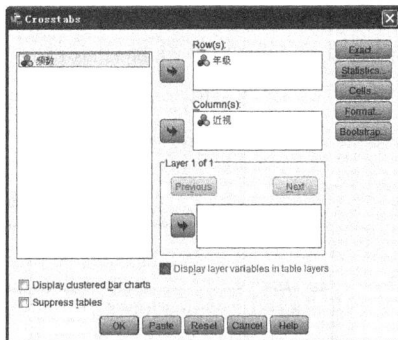

图 8 - 16　Crosstabs 对话框

"√",表示按年级输出百分比,点击"Continue"按钮,回到图 8 - 16。点击"OK"按钮,输出结果如图 8 - 17 和图 8 - 18 所示。

3. 界面说明

同例 8 - 1,这里不再重复说明。

4. 结果解释

图 8 - 17 为交叉列表,行变量为"年级",列变量为"近视",其中"Count"为实际频数,"% within 年级"为行百分比,即一年级大学生的近视率为 85.0%,二年级大学生的近视率为 86.2%,二年级大学生的近视率为 88.7%,总的近视率为 86.6%。

年级 * 近视 Crosstabulation

			近视		Total
			不近视	近视	
年级	一年级	Count	9	51	60
		% within 年级	15.0%	85.0%	100.0%
	二年级	Count	9	56	65
		% within 年级	13.8%	86.2%	100.0%
	三年级	Count	7	55	62
		% within 年级	11.3%	88.7%	100.0%
Total		Count	25	162	187
		% within 年级	13.4%	86.6%	100.0%

图 8 - 17　各年级近视情况

图 8 - 18 给出了几种方法的检验结果,从左到右分别为:检验统计量值(Value)、自由度(df)、双侧近似概率(Asymp. Sig. (2-sided))。从上到下分

别为：Pearson 卡方（Pearson Chi-square）、对数似然比方法计算的卡方（Likelihood Ratio）、线性相关的卡方值（Linear-by-Linear Association）、有效记录数（N of Valid Cases）。另外，"Pearson Chi-square"卡方值处的标注 a，表示没有格子的理论频数小于 5。

Chi-Square Tests

	Value	df	Asymp. Sig. (2-sided)
Pearson Chi-Square	.382^a	2	.826
Likelihood Ratio	.388	2	.824
Linear-by-Linear Association	.362	1	.547
N of Valid Cases	187		

a. 0 cells (.0%) have expected count less than 5. The minimum expected count is 8.02.

图 8-18　各年级近视情况比较

多个独立样本 R×C 列联表资料 χ^2 检验也有其相应的适用条件。一般认为，R×C 列联表理论频数不应小于 1，并且 $1 \leqslant T < 5$ 的格子数不宜超过格子总数的 1/5。本例所有格子的理论频数均大于 5，符合多个独立样本 R×C 列联表资料 χ^2 检验的应用条件，因此可采用第一行 Pearson Chi-square 的结果（见图 8-18），$\chi^2 = 0.382$，$P = 0.826 > 0.05$。即各年级大学生近视眼患病率不全相同。如需比较哪两个年级的近视率不同，应进一步进行两两比较，并对检验水准进行调整。

二、多个样本构成比比较的 χ^2 检验

（一）多个样本构成比比较的 χ^2 检验方法说明

计算公式为：

$$\chi^2 = \sum \frac{(A-T)^2}{T}, \quad V = （行数-1）（列数-1） \quad (8-5)$$

式中：A 为实际频数；T 为理论频数；V 为自由度。

（二）多个样本构成比比较的 χ^2 检验举例

例 8-4　某研究人员收集了亚洲、欧洲和北美洲人的 A、B、AB、O 血型资料，结果如表 8-3 所示。请问不同地区人群的血型分布（构成比）是否不同？

表 8-3　世界三个不同地区血型样本的频数分布

地区＼血型	A	B	AB	O
亚洲	321	369	95	295
欧洲	258	43	22	194
北美洲	408	106	37	444
合计	987	518	154	933

1. 分析

三个不同地区血型的分布情况，这属于无序多分类变量资料；欲分析三个不同地区血型分布有无差别，这属于多个样本构成比的比较问题。在 SPSS 中进行多个样本构成比的比较也在“Crosstabs”交叉表模块进行。数据录入格式如图 8-19 所示，第一列为地区变量，其中“1”表示亚洲，“2”表示欧洲，“3”表示北美洲；第二列为血型变量，其中“1”表示 A 型血，“2”表示 B 型血，“3”表示 AB 型血，“4”表示 O 型血；第三列为频数。

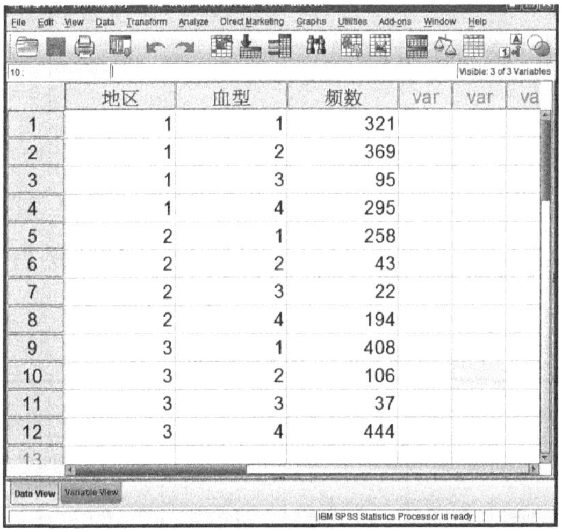

	地区	血型	频数
1	1	1	321
2	1	2	369
3	1	3	95
4	1	4	295
5	2	1	258
6	2	2	43
7	2	3	22
8	2	4	194
9	3	1	408
10	3	2	106
11	3	3	37
12	3	4	444

图 8-19　例 8-4 对应的数据集

2. 操作

(1) 首先对频数变量进行加权，可通过菜单“Data”→“Weight Cases...”实现频数变量的加权。具体加权方法同例 8-2。

(2) 多个独立样本 R×C 列联表资料 χ^2 检验可通过菜单“Analyze”→“Descriptive Statistics”→“Crosstabs...”实现。通过点击“Crosstabs...”，弹

出一个新的对话框,将"地区"变量选入到"Row(s)"列表框中,将"血型"变量选入到"Column(s)"列表框中,如图 8 - 20 所示。后续的操作步骤同例 8 - 3,输出结果如图 8 - 21 和图 8 - 22 所示。

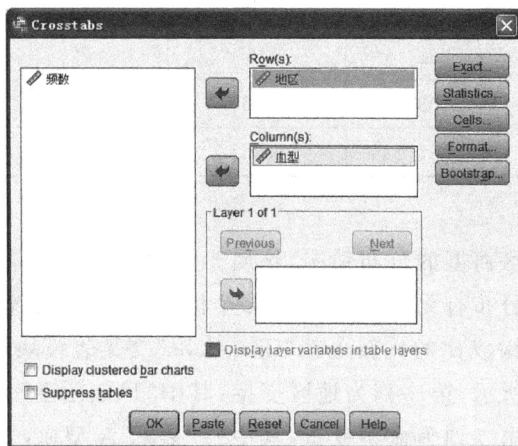

图 8 - 20　Crosstabs 对话框

3. 界面说明

同例 8 - 1,这里不再重复说明。

4. 结果解释

图 8 - 21 为交叉列表,行变量为"地区",列变量为"血型",其中"Count"为实际频数,"% within 地区"为行百分比,即亚洲地区 A 型血所占的比例为 29.7%,B 型血所占的比例为 34.2%,AB 型血所占的比例为 8.8%,O 型血所占的比例为 27.3%,余类推。

地区 * 血型 Crosstabulation

			血型				Total
			A	B	AB	O	
地区	亚洲	Count	321	369	95	295	1080
		% within 地区	29.7%	34.2%	8.8%	27.3%	100.0%
	欧洲	Count	258	43	22	194	517
		% within 地区	49.9%	8.3%	4.3%	37.5%	100.0%
	北美洲	Count	408	106	37	444	995
		% within 地区	41.0%	10.7%	3.7%	44.6%	100.0%
Total		Count	987	518	154	933	2592
		% within 地区	38.1%	20.0%	5.9%	36.0%	100.0%

图 8 - 21　不同地区人群的血型分布情况

图 8 - 22 给出了几种方法的检验结果,说明同例 8 - 3 中的图 8 - 18。

Chi-Square Tests

	Value	df	Asymp. Sig. (2-sided)
Pearson Chi-Square	297.375[a]	6	.000
Likelihood Ratio	297.233	6	.000
Linear-by-Linear Association	9.788	1	.002
N of Valid Cases	2592		

a. 0 cells (.0%) have expected count less than 5. The minimum expected count is 30.72.

图 8 - 22　不同地区人群的血型分布卡方检验结果

多个独立样本构成比的 χ^2 检验也是用 Pearson Chi-square。一般认为,$R \times C$ 列联表理论频数不应小于 1,并且 $1 \leqslant T < 5$ 的格子数不宜超过格子总数的 1/5。本例符合多个独立样本 $R \times C$ 列联表资料 χ^2 的条件,可采用第一行 Pearson Chi-square 的结果(见图 8 - 22),$\chi^2 = 297.375$,$P = 0.000 < 0.05$,可认为三个不同地区人群的血型分布不全相同。如需比较哪两个地区的血型分布不同,应进一步进行两两比较,并对检验水准进行调整。

☞ **实验思考题**

1. 下面 2×2 的交互表代表着一些高中生是否参加了驾驶课学习和在第一次申请驾照的道路考试中是否通过。请进行卡方检验,检验驾驶课学习对考试结果是否有影响。

	是否参加驾驶课学习	
考试结果	是	否
通过	16	8
失败	7	11

2. 下面是对于诸如《万圣节前夜》、《黑色星期五》这样的暴力电影的偏好与被调查者的性别的 2×2 的交互表。请进行卡方检验,判断性别间的偏好是否有差异。

对电影的偏好	被调查者的性别	
	女	男
喜欢	8	12
不喜欢	10	15

3. 将某所大学的 100 名优秀学生作为一个样本，一位社会学家想确定在校年级和是否愿意打电话给校友来增加捐赠之间的关系。通过下面的数据，检验是否愿意帮助增加捐赠和在校年级无关的零假设。其结果意味着什么？

是否愿意帮助	一年级	二年级	三年级	四年级
愿意	15	16	15	15
不愿意	15	14	5	5

4. 一个由 118 名大学生组成的样本被询问是否参与校园活动。通过下面各大学所在地区的学生反应的交互表，进行地区差异的卡方检验。

地区	校园活动的参与	
	参与	不参与
东部	19	10
南部	25	6
中西部	15	15
西部	8	20

5. 一位电台经理想调查其节目设置是否合理，他收集了不同年龄听众的节目偏好的有关数据。通过下面的交互表，检验不同年龄组对节目的偏好无差异的零假设。

广播节目偏好	年龄段		
	青年	中年	老年
音乐	14	10	3
新闻/谈话	4	15	11
运动	7	9	5

第九章

相关分析

☞ **实验教学目标**

1. 理解各种相关分析的意义及分类。

2. 掌握使用 SPSS 软件进行 Pearson 相关分析的操作步骤和结果解释。

3. 掌握使用 SPSS 软件对分类资料进行关联性分析的方法。

☞ **实验教学内容**

1. 阐述几种相关分析的含义和适用条件。

2. Pearson 和 Spearman 相关在 SPSS 中的实现与结果解释。

3. 分类资料的关联性分析方法与结果解释。

4. 偏相关的含义与 SPSS 操作流程。

第一节 连续型变量间的相关分析

一、Pearson 相关分析

（一）Pearson 相关分析方法说明

两个变量分别用 X,Y 表示，如果 X 与 Y 均是随机变量，呈双变量正态分布，散点图呈线性趋势，各观察值间相互独立，则可用 Pearson 相关系数来描述两者之间的关系，计算出的 Pearson 积差相关系数 r，简称相关系数。

其计算公式为：

$$r = \frac{\sum (X - \overline{X})(Y - \overline{Y})}{\sqrt{\sum (X - \overline{X})^2 \sum (Y - \overline{Y})^2}} \qquad (9-1)$$

（二）Pearson 相关分析举例

例 9 - 1　表 9 - 1 显示了 8 名 10 岁儿童的身高和体重资料，试分析 10 岁儿童的身高（cm）和体重（kg）的相关性。

表 9 - 1　8 名 10 岁儿童的身高和体重

儿童编号	A	B	C	D	E	F	G	H
身高（X）（cm）	167	162	146	149	152	165	162	170
体重（Y）（kg）	43	36	31	33	32	41	33	44

1. 分析

一般可以认为身高、体重、血压等生理生化指标是属于正态分布的，通过散点图 9 - 1 可以看出变量间可能存在线性相关。

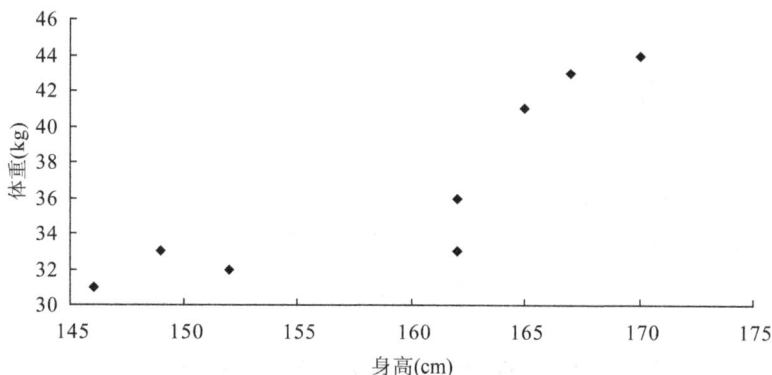

图 9 - 1　例 9 - 1 中数据的散点图

在 SPSS 中关于分析的模块主要有两处，其一为"Crosstabs"交叉表模块，其二为"Correlate"相关分析模块。Pearson 相关系数的计算在以上两个模块中均可进行，但对于连续型资料的相关分析一般在"Correlate"模块中进行。数据录入的格式如图 9 - 2 所示。

图 9 - 2　例 9 - 1 的相关分析数据录入格式

2. 操作

(1) "Analyze"→"Correlate"→"Bivariate",出现双变量分析的对话框,如图 9 - 3 所示。

(2) 将"身高"和"体重"两个变量选入"Variables"框中。

(3) 选择"Pearson",其余按默认值设置即可,单击"OK"按钮。

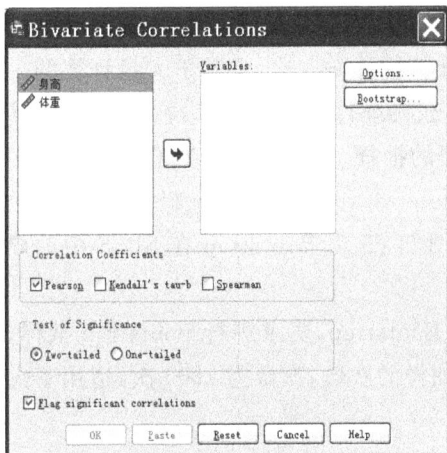

图 9 - 3　例 9 - 1 的相关分析对话框

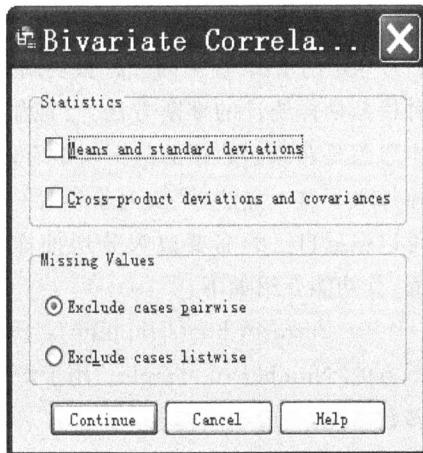

图 9 - 4　例 9 - 1 的相关分析的选项

3. 界面说明

操作界面如图 9 - 3 所示,这里简要介绍如下:

(1) "Variables":变量列表框,用于从左边的变量列表里选入需要进行相关分析的变量,至少需要选入两个。如果选入多个则会以矩阵的形式给出两两直线相关分析的结果。

（2）"Correlation Coefficients"：相关系数复选框，用于选择进行何种相关系数的计算。"Pearson"是默认选项，计算积差相关系数；"Kendall's tau-b"为计算 Kendall's 等级相关系数，该指标适合双变量均为等级资料时使用；"Spearman"为计算秩相关系数，属于非参数统计方法，是最常见的非参数相关分析，对所分析的变量类型没有要求，既可以是计量资料也可以是分类变量。

（3）"Test of Significance"：显著性检验单选框，用于确定对相关系数的假设检验是单侧（One-tailed）还是双侧（Two-tailed）检验，一般为双侧检验，默认也是此项。

（4）"Flag significant correlations"：标注显著性相关，打"√"后在结果输出框里会用星号标记有统计学意义的相关系数，为了方便阅读结果一般要求选中此项。

（5）"Options..."：选项按钮，单击后会打开如图 9 - 4 所示的对话框。该界面包含两部分，上半部分"Statistics"为选择需要计算的描述统计量和进行的统计分析，具体包括均值和标准差，以及交叉积和协方差。下半部分"Missing values"为对有缺失值的个体处理方式，包括按对子排除个体和按列表排除个体。

（6）"Bootstrap..."：单击后出现如图 9 - 5 所示的对话框。Bootstrap 是1979 年由 Efron 提出的一种很实用的计算统计学方法，是基于大量计算的一种模拟抽样统计的推断方法，可以解决经典统计学所无法解决的难题，其基本思想是在原始数据的范围内做有放回的抽样。SPSS 在后期的几个版本中才加入了这一方法，默认为非参数的 Bootstrap，并采用完全随机抽样，当然也可以根据自己的需要改为分层抽样。图 9 - 5 为 Bootstrap 在 SPSS 中的界面，其功能介绍如下：

①"Perform bootstrapping"：执行 Bootstrap，要求进行 Bootstrap 抽样，下方的"Number of samples"用于指定抽样的次数，默认为 1000 次，适用于大多数情况，一般不用修改。

②"Set seed for Mersenne Twister"：设置种子，由于在默认情况下Bootstrap 每次抽样的计算结果都是随机出现不能重复，如果设置了种子就可以在相同的随机种子下得到完全相同的分析结果，便于复查。

③"Confidence Intervals"：置信区间的设置，默认采用"Percentile"百分位数法计算出 95% 的可信区间。如果需要更准确的结果可以使用第二个选项"Bias corrected accelerated"偏差修正加速算法来调整区间，但所需要的计

算时间会变长。

④"Sampling"：设置抽样方法，默认为"Simple"，即简单的不分层完全随机抽样；如果断定数据存在层次结构，则可以通过选择"Stratified"指定分层变量来实现分层抽样，以得到更为准确的分析结果。

若 Bootstrap 得到的结果与经典统计学方法得到的结果明显不一样，说明变量的分布很可能违反了经典统计学的前提假设，此时基本上应以 Bootstrap 方法计算出的值为准。

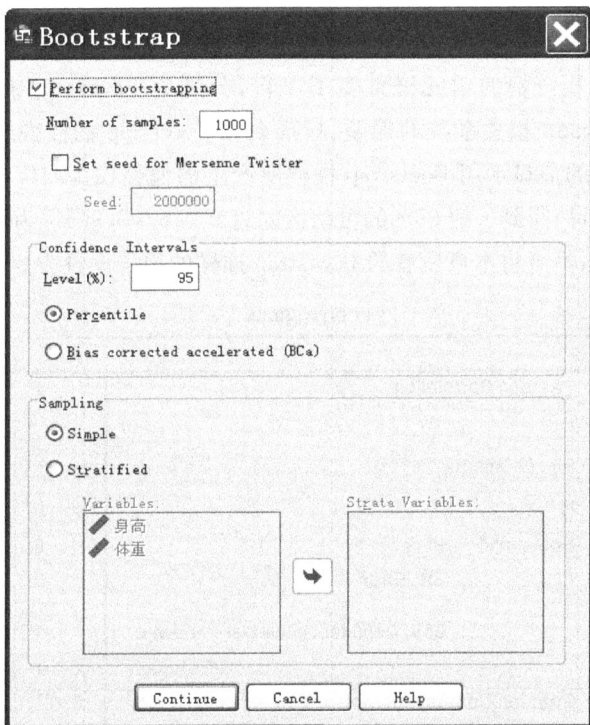

图 9-5　相关分析的 Bootstrap 对话框

4. 结果解释

例 9-1 进行以上相关分析的主要结果如图 9-6 所示，计算出了 Pearson 相关系数并进行了假设检验。其结果是以对角阵的形式给出的，每个单元格共分为 3 行，自上而下分别为相关系数 r、P 值和样本数 n。对于本例而言，只需看一个单元格即可，结果显示身高与体重的相关系数为 0.875，双侧检验 $P=0.004<0.01$，样本数为 8，所以可以认为 10 岁儿童的身高与体重的正相关关系具有统计学意义，随着身高的增加体重也在增加。

Correlations

		身高	体重
身高	Pearson Correlation	1	.875[**]
	Sig. (2-tailed)		.004
	N	8	8
体重	Pearson Correlation	.875[**]	1
	Sig. (2-tailed)	.004	
	N	8	8

**. Correlation is significant at the 0.01 level (2-tailed).

图 9 - 6　例 9 - 1 的 Pearson 相关分析结果

如果本例还进行了 Bootstrap 抽样方法,则还会得到如图 9 - 7 所示的结果框。在结果矩阵框的单元格里多了 4 行,分别为 Bootstrap 抽样得到的相关系数与 Pearson 相关系数的偏差、标准误和 Bootstrap 抽样得到 r 的 95% 可信区间。本例的值显示用 Bootstrap 抽样所产生的偏差仅为 -0.002,显然该误差可以忽略不计;得到 r 的 95% 的可信区间为 $0.675 \sim 0.996$。为了方便读者重复本例的结果,笔者将本章所有的 Bootstrap 抽样的种子设置为 20140915。

Correlations

				身高	体重
身高	Pearson Correlation			1	.875[*]
	Sig. (2-tailed)				.004
	N			8	8
	Bootstrap[a]	Bias		0	-.002
		Std. Error		0	.087
		95% Confidence Interval	Lower	1	.675
			Upper	1	.996
体重	Pearson Correlation			.875[**]	1
	Sig. (2-tailed)			.004	
	N			8	8
	Bootstrap[a]	Bias		-.002	0
		Std. Error		.087	0
		95% Confidence Interval	Lower	.675	1
			Upper	.996	1

**. Correlation is significant at the 0.01 level (2-tailed).
a. Unless otherwise noted, bootstrap results are based on 1000 bootstrap samples

图 9 - 7　例 9 - 1 进行 Bootstrap 的相关分析结果

二、Spearman 相关分析

（一）Spearman 相关分析方法说明

做 Pearson 积差相关分析对数据的要求较高，如果数据达不到那么高的要求，我们可以考虑做非参数分析。Spearman 秩相关系数是最常用的非参数相关分析方法，其原理是利用两变量的秩次大小进行线性相关分析，对原始变量的类型和分布不做要求，既可以是连续型变量也可以是分类变量，既可以是正态分布也可以是非正态分布。因此 Spearman 秩相关系数的适用范围比 Pearson 相关系数要广得多，当然其统计效能要弱于参数统计方法的 Pearson 积差相关系数。

（二）Spearman 相关分析举例

例 9-2 表 9-2 为 10 名大学新生关于是否愿意加入学生社团的意愿强度(X)和其所拥有的好友数量(Y)情况，其中意愿强度分为 6 个等级，1 为意愿最强，6 为意愿最弱。试分析其相关关系。

表 9-2　10 名大学新生参加社团的意愿与拥有的好友数量　　　单位：人

居民编号	A	B	C	D	E	F	G	H	I	J
参加社团的意愿(X)	1	4	3	6	6	2	5	1	2	6
拥有好友的数量(Y)	6	2	6	3	2	4	1	5	7	2

1. 分析

此例中变量 X 为参加社团的意愿，为等级资料，不满足做 Pearson 积差相关分析的前提条件，故考虑用 Spearman 秩相关系数来分析。首先通过散点图来基本判断两变量间是否存在线性关系，如图 9-8 所示。数据录入 SPSS 的格式如图 9-9 所示。

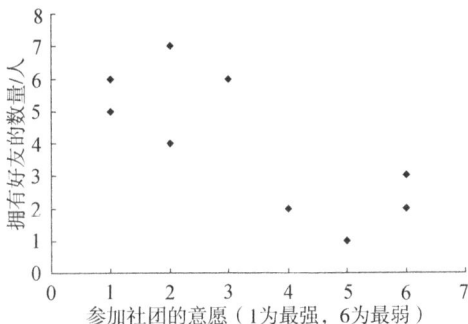

图 9-8　例 9-2 的散点图

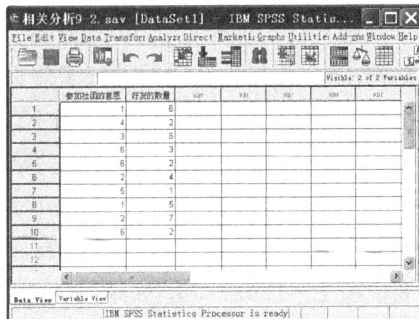

图 9-9　例 9-2 的数据录入

2. 操作

（1）"Analyze"→"Correlate"→"Bivariate"，出现双变量分析的对话框如图 9－3 所示。

（2）将"参加社团的意愿"和"好友的数量"两个变量选入"Variables"框中。

（3）选择"Spearman"，单击"OK"按钮。

3. 界面说明

操作界面如图 9－10 所示，"Options..."和"Bootstrap..."等各对话框的基本含义同"Pearson 相关"。

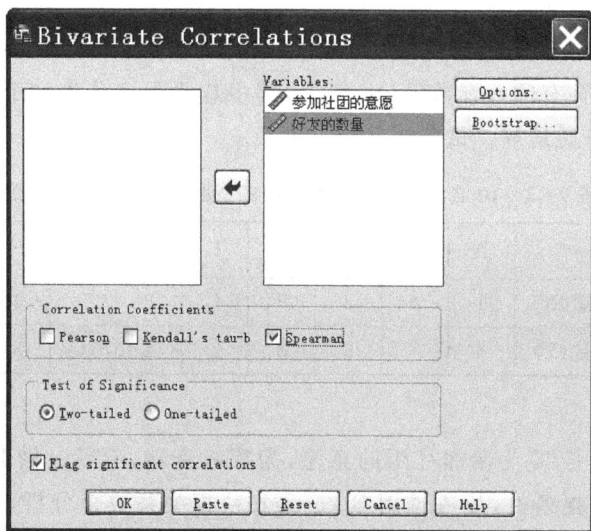

图 9－10　例 9－2 的相关分析对话框

4. 结果解释

例 9－2 进行以上相关分析的主要结果如图 9－11 所示，计算出了 Spearman 秩相关系数并进行了假设检验。对秩相关系数 r_s 的假设检验可以查等级相关系数检验界值表，当 $n>50$ 时也可以使用与 Pearson 积差相关系数一样的 t 检验。Spearman 相关分析的结果同样是以对角阵的形式给出的，每个单元格共分为 3 行，自上而下分别为相关系数 r、P 值和样本数 n。结果显示参加社团的意愿强度与拥有好友的数量间的秩相关系数为 -0.712，双侧检验 $P=0.021<0.05$，样本数为 10，所以可以认为大学新生参与社团的意愿与其拥有的好友数的相关关系具有统计学意义，其意愿越强烈拥有的好友数越多。

Correlations

			参加社团的意愿	好友的数量
Spearman's rho	参加社团的意愿	Correlation Coefficient	1.000	-.712*
		Sig. (2-tailed)	.	.021
		N	10	10
	好友的数量	Correlation Coefficient	-.712*	1.000
		Sig. (2-tailed)	.021	.
		N	10	10

*. Correlation is significant at the 0.05 level (2-tailed).

图 9-11　例 9-2 的 Spearman 相关分析结果

如果还进行了 Bootstrap 抽样,则会得到如图 9-12 所示的结果框。结果的单元格里前面 3 行的内容和数值与图 9-11 所示相同,下面的 4 行显示本例用 Bootstrap 抽样 1000 次后所产生的偏差为 0.047,误差很小;还可得到 r_s 的 95% 的可信区间为 -0.888 ~ -0.248。

Correlations

					参加社团的意愿	好友的数量
Spearman's rho	参加社团的意愿	Correlation Coefficient			1.000	-.712*
		Sig. (2-tailed)			.	.021
		N			10	10
		Bootstrap[a]	Bias		.000	.047
			Std. Error		.000	.158
			95% Confidence Interval	Lower	1.000	-.888
				Upper	1.000	-.248
	好友的数量	Correlation Coefficient			-.712*	1.000
		Sig. (2-tailed)			.021	.
		N			10	10
		Bootstrap[a]	Bias		.047	.000
			Std. Error		.158	.000
			95% Confidence Interval	Lower	-.888	1.000
				Upper	-.248	1.000

*. Correlation is significant at the 0.05 level (2-tailed).
a. Unless otherwise noted, bootstrap results are based on 1000 bootstrap samples

图 9-12　例 9-2 进行 Bootstrap 的相关分析结果

第二节 分类变量间的关联性分析

一般来说,两个连续型随机变量间的线性联系称为线性相关,两个分类变量间的联系则称为关联(association)。两个分类变量之间的联系与连续型变量不同,其计算与检验的思想都不同于线性相关分析,但目的和意义是一致的。分类变量的关联性分析是对两个分类变量交叉分类计数所得的频数资料做关于两种属性独立性的卡方检验,即检验一种属性的概率分布与另一种属性的概率分布有无关联性,若无关联则称这两种属性相互独立。

一、2×2 列联表的关联性分析

(一)2×2 列联表的关联性分析方法说明

在实际研究中经常会遇到样本含量为 n 的一份随机样本同时按照两个二项分类属性进行交叉分类,形成了我们常说的 2×2 交叉分类四格表资料,也称 2×2 列联表。为了考察这两种属性是否有关联,则需要进行关联性分析。

(二)2×2 列联表的关联性分析举例

例 9-3 某医院对 164 例曾用过洋地黄药与 51 例未用过洋地黄药的肺心病患者做心电图检查,结果见表 9-3。试分析洋地黄药与发生心律失常之间是否有关联。

表 9-3 肺心病患者心律失常观察资料 单位:人

洋地黄用药史	心律失常例数	心律正常例数	合计
曾用药组	81	83	164
未用药组	19	32	51
合计	100	115	215

1. 分析

此数据资料为 2×2 列联表,在前面的章节里我们已经介绍过此类资料的卡方检验用以推断两组的心律失常发生率是否相同,此时我们将在卡方检验的基础上进一步分析其关联性,使用的统计量为列联系数 C,其计算公式为:

$$C = \sqrt{\frac{\chi^2}{\chi^2 + n}} \qquad (9-2)$$

数据录入的格式如图 9 - 13 所示。要注意的是,需要对第三列"频数"这一变量进行加权处理。

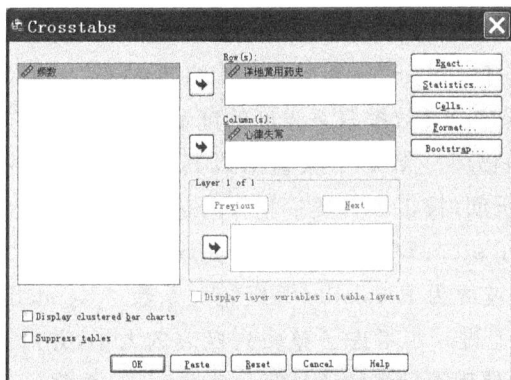

图 9 - 13　例 9 - 3 的数据录入

2. 操作

(1) "Analyze"→"Descriptive Statistics"→"Crosstabs"。

(2) 将"洋地黄用药史"和"心律失常"分别选入"Row(s)"和"Column(s)",如图 9 - 14 所示。

(3) 单击"Statistics..."按钮,在弹出的对话框(见图 9 - 15)中选择"Chi-square"和"Contingency coefficient",点击"Continue"回到如图 9 - 14 所示界面,再点击"OK"按钮。

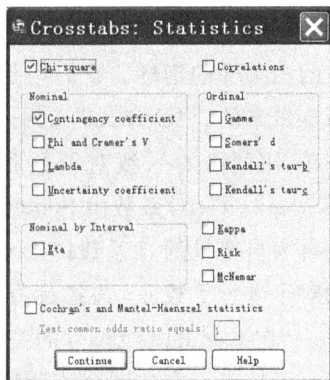

图 9 - 14　例 9 - 3 的卡方检验界面

图 9 - 15　例 9 - 3 的统计量对话框

3. 界面说明

图 9 - 14 为前面章节所讲到的卡方检验的对话框,在此不再赘述。图 9 - 15 为选择关联性统计量的对话框,里面可以计算多种相关系数,具体如下:

(1)"Chi-square":进行卡方检验,输出 Pearson 卡方值,对于四格表资料还会自动给出校正卡方检验和确切概率法的结果,并分别给出单侧和双侧的 P 值供读者选用。该检验用于检验行、列变量是否独立,并提示是否满足卡方检验的要求。

(2)"Correlations":计算行、列变量的 Pearson 相关系数和 Spearman 等级相关系数。与前面提到的连续型变量的相关分析一样,可见此处相关系数的种类非常丰富。

(3)"Nominal"复选框中包含了一组用于反映分类变量相关性的指标,这些指标在变量属于有序和无序时均可使用,但两变量为有序时其检验效率没有右边的"Ordinal"里的统计量高。"Contingency coefficient"为列联系数 C,是基于卡方值得出的,是常见的分类变量关联性的指标,既可用于 2×2 列联表也可用于多行多列的列联表,本例需要选此统计量。"Phi and Cramer's V"为两种统计量,这两者也是基于卡方值的,Phi 的取值在四格表中为 $0 \sim 1$,在其他列联表中取值没有上限;Cramer's V 是 Phi 的一个调整,使得其取值在任何列联表中均不会超过 1,可以与其他相关系数进行比较。"Lambda"为 λ 系数,用于反映自变量对因变量的预测效果,即知道自变量的取值时期望预测误差个数减少的比例,其值为 1 时表明知道了自变量就可以完全确定应变量的取值,为 0 时表明完全无预测作用。"Uncertainty coefficient"为不确定系数,与 Lambda 系数相似,也用于反映当知道自变量后,应变量的不确定性下降的比例。

(4)"Ordinal"复选框中包含了一组只能用于反映两变量均属于有序分类时的相关性的指标。它们均是基于 Goodman 和 Kruskal 的 Gamma(γ)系数衍生出来的。"Gamma"为描述有序分类数据联系强度的度量,计算公式比较简单,用两倍的一致对子数和两倍不一致对子数差除以其和即为 γ 系数;"Somers' d"(d)系数由 Somers 所创,校正了自变量相等的对子,会分别给出各自为自变量的 d 系数;"Kendall's tau-b"由 Gamma 系数改进而来,对相等的对子进行了校正,该指标有时被称为 Kendall's 等级相关系数;"Kendall's tau-c"在 Kendall's tau-b 的基础上进一步考虑了整张列联表的大小,并对其进行了校正。在这四个统计量中使用得较多的还是第一个 Gamma 系数。

(5)"Nominal by Interval"复选框中的"Eta"是测量一个名义变量和连续

变量间相关程度的指标。Eta 值的平方表示由组间差异所解释的应变量的方差的比例,SPSS 会计算出两个 Eta 值,分别对应着行变量为因变量和列变量为因变量的情况。

(6)"Kappa":计算内部一致性系数,取值在 $0\sim1$,Kappa 值大于 0.75 表明两者一致性较好,处于 $0.75\sim0.4$ 表明一致性一般,小于 0.4 表明一致性差。

(7)"Risk":计算 OR 值和 RR 值,分别为比值比和相对危险度。

(8)"McNemar":进行 McNemar 检验,用于配对设计的卡方检验,不仅可用于四格表还可用于多行多列的配对列联表的卡方检验。按照二项分布的原理计算出确切概率。

(9)"Cochran's and Mantel-Haenszel statistics":为两个二分类变量进行分层卡方检验,即层间的独立性检验和同质性检验,同时可进行分层因素的调整。"Test common odds ratio equals"是设定相应 H_0 假设的 OR 值,默认为 1。

4. 结果解释

图 9 - 16 为常见的卡方检验的结果框,共有 6 行值,由上至下分别是:"Pearson Chi-square"(Pearson 卡方值)为 2.303,后面分别是自由度为 1,双侧近似概率 P 值为 0.129,差异无统计学意义。如果设置了精确算法,后面的两列将列出单侧和双侧的精确算法 P 值。"Continuity Correction"(连续校正的卡方值)为 1.841,当总例数大于 40,但有一个格子的理论数处于 $1\sim5$ 时,可以使用此行的值,自由度为 1,P 值为 0.175,差异无统计学意义,与 Pearson 卡方的结果一致。"Likelihood Ratio"为似然比卡方,与 Pearson 卡方的计算公式不一样,在处理多维表时有更大的优势,一般情况下与 Pearson 卡方的结

Chi-Square Tests

	Value	df	Asymp. Sig. (2-sided)	Exact Sig. (2-sided)	Exact Sig. (1-sided)
Pearson Chi-Square	2.303[a]	1	.129		
Continuity Correction[b]	1.841	1	.175		
Likelihood Ratio	2.328	1	.127		
Fisher's Exact Test				.149	.087
Linear-by-Linear Association	2.292	1	.130		
N of Valid Cases	215				

a. 0 cells (.0%) have expected count less than 5. The minimum expected count is 23.72.
b. Computed only for a 2x2 table

图 9 - 16 例 9 - 3 的卡方检验结果

果是一致的。"Fisher's Exact Test"为 Fisher 精确算法,对于四格表资料会自动给出精确算法的结果,列联表需要另外选择精确算法才会有精确算法的结果。此处双侧检验 $P=0.149$,单侧检验 $P=0.087$。"Linear-by-Linear Association"为线性卡方,用来检验行变量与列变量之间有无线性相关,一般用于连续型变量,列联表中很少用。"N of Valid Cases"为有效例数,本例为 215 例。

图 9-17 呈现了列联系数(Contingency Coefficient)的值,即 $C=0.103$,关联性很弱,近似的 $P=0.129$,说明此关联系数无统计学意义,尚不能认为心律失常的发生与曾经使用洋地黄药物有关联。若还进行了 Bootstrap 分析,则会如图 9-18 所示给出列联系数的 95% 可信区间为 $0.007\sim0.224$,与常规统计方法的结果很接近。

Symmetric Measures

		Value	Approx. Sig.
Nominal by Nominal	Contingency Coefficient	.103	.129
N of Valid Cases		215	

图 9-17　例 9-3 的相关分析结果

Bootstrap for Symmetric Measures

		Value	Bootstrap[a]			
			Bias	Std. Error	95% Confidence Interval	
					Lower	Upper
Nominal by Nominal	Contingency Coefficient	.103	.002	.060	.007	.224
N of Valid Cases		215	0	0	215	215

a. Unless otherwise noted, bootstrap results are based on 1000 bootstrap samples

图 9-18　例 9-3 的 Bootstrap 抽样相关分析

二、行列表资料的关联性分析

（一）行列表资料的关联性分析方法说明

对多分类资料的关联性分析与 2×2 列联表的分析是基本相同的,可以根据自己的研究需要选择相对应的关联性统计指标,即通常所说的行列表资料的关联性分析。

（二）行列表资料的关联性分析举例

例 9-4　有研究表明,不同民族人的血型分布是不同的,现从某地随机抽取 2500 名居民,记录其民族与血型,资料见表 9-4。请问民族与血型分布是否有关?

表 9-4 不同民族人的血型分布资料 单位：人

民族	O 血型	A 血型	B 血型	AB 血型	合计
民族甲	490	440	120	50	1100
民族乙	280	240	320	90	930
民族丙	180	230	40	20	470
合计	950	910	480	160	2500

1. 分析

例 9-4 为典型的无序分类变量资料，血型和民族间的关联性同样可以采用列联系数 C 来分析。数据的录入格式如图 9-19 所示，民族甲、乙、丙分别用数字 1、2、3 代替，O、A、B、AB 血型分别用 1、2、3、4 代替，附上值即可，同样也需要对"频数"这一列进行加权处理。

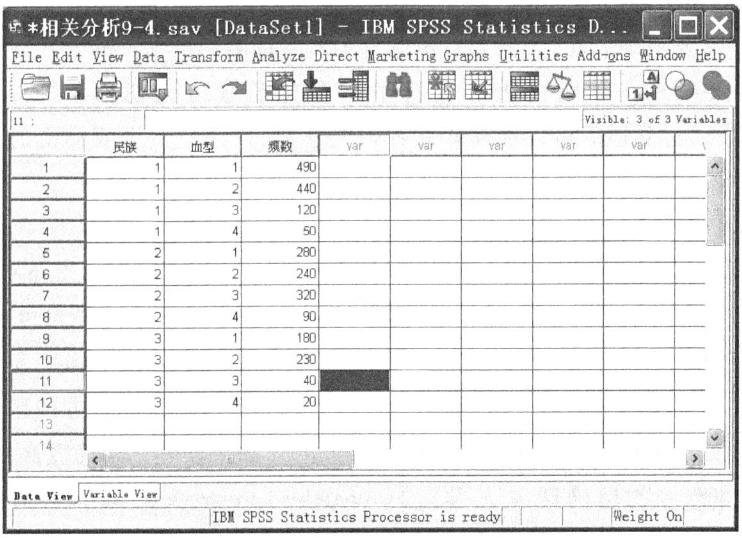

图 9-19 例 9-4 的数据录入格式

2. 操作

（1）"Analyze"→"Descriptive Statistics"→"Crosstabs"。

（2）将"民族"和"血型"分别选入"Row(s)"和"Column(s)"，如图 9-20 所示。

（3）单击"Statistics…"按钮，在弹出的对话框（见图 9-21）中选择"Chisquare"和"Contingency coefficient"，点击"Continue"回到如图 9-20 所示界面，再点击"OK"按钮。

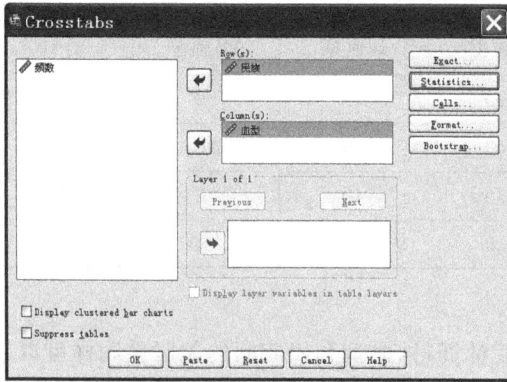

图 9 - 20　例 9 - 4 的卡方检验界面　　　　图 9 - 21　例 9 - 4 的统计量对话框

3. 界面说明

操作界面与例 9 - 3 的操作界面完全一样,在此不再赘述。需要注意的是,如果需要精确算法,则需要点击图 9 - 20 界面右边的"Exact..."对话框进行设置,SPSS 在非四格表的资料中不会自动输出确切概率算法,点开"Exact..."对话框后可以选择计算近似概率值、采用蒙特卡罗模拟的确切概率值和计算出确切概率值三种方式。

4. 结果解释

图 9 - 23 为列联表卡方检验的结果框,共有 4 行值,由上至下分别是:"Pearson Chi-square"(Pearson 卡方值)为 284.826,后面分别是自由度为 6,双侧近似概率 $P < 0.001$,差异有统计学意义。"Likelihood Ratio"为似然比卡方,在处理多维表时有更大的优势,一般情况下与 Pearson 卡方的结果是一致的,此处似然比卡方值为 278.717,$P < 0.001$;如果设置了精确算法,还将列出单侧和双侧的精确算法 P 值。"Linear-by-Linear Association"为线性卡

Chi-Square Tests

	Value	df	Asymp. Sig. (2-sided)
Pearson Chi-Square	284.826[a]	6	.000
Likelihood Ratio	278.717	6	.000
Linear-by-Linear Association	15.016	1	.000
N of Valid Cases	2500		

a. 0 cells (.0%) have expected count less than 5. The minimum expected count is 30.08.

图 9 - 22　例 9 - 4 的卡方检验结果

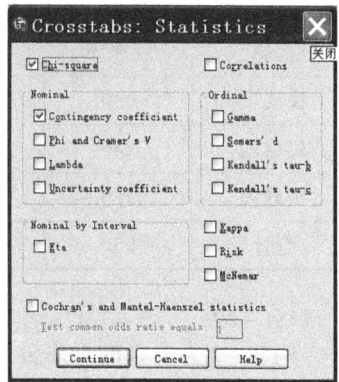

方,一般用于连续型变量,列联表中很少用。"N of Valid Cases"为有效例数,本例为 2500 例。结果框下方的注释显示,在例 9 - 4 的列联表中没有任何一个格子的理论数小于 5,最小的也有 30.08,说明本例是适合使用 Pearson 卡方检验的。

图 9 - 23 呈现了例 9 - 4 的列联系数的值,即 $C = 0.320$,关联性很弱,近似的 $P < 0.001$,说明此关联系数有统计学意义,可以认为血型的分布与民族存在一定的关联。若还进行了 Bootstrap 分析,则会如图 9 - 24 所示给出列联系数的 95% 可信区间为 0.290~0.352,与常规统计方法所得结果的误差仅为 0.002,故可以忽略此误差。

Symmetric Measures

		Value	Approx. Sig.
Nominal by Nominal	Contingency Coefficient	.320	.000
N of Valid Cases		2500	

图 9 - 23　例 9 - 4 的相关分析结果

Bootstrap for Symmetric Measures

			Bootstrap[a]			
					95% Confidence Interval	
		Value	Bias	Std. Error	Lower	Upper
Nominal by Nominal	Contingency Coefficient	.320	.002	.016	.290	.352
N of Valid Cases		2500	0	0	2500	2500

a. Unless otherwise noted, bootstrap results are based on 1000 bootstrap samples

图 9 - 24　例 9 - 4 的 Bootstrap 抽样相关分析结果

三、等级资料的关联性分析

（一）等级资料的关联性分析方法说明

在 Spearman 秩相关分析中提到过该系数可用于等级资料,但对于双变量均为等级资料的数据,Spearman 秩相关的效率比不上专门的分析等级资料关联性的指标。在 SPSS 的"Crosstabs"模块中提供了丰富的用于分析双变量为等级资料的相关系数,例如 Gamma 系数、Somers' d 系数、Kendall's tau-b 系数等,其中较为常用的为 Gamma 系数。该系数由 Goodman 和 Kruskal 所发明,计算非常简单,用两倍的一致对子数和不一致对子数之差除以其和即为 Gamma(γ)系数。

（二）等级资料的关联性分析举例

例 9 - 5　有一位研究者访问了某家公司的 185 名雇员,调查了他们当天的上班时间与对工作的满意度情况,如表 9 - 5 所示。试分析上班时间的长度与工作满意度的关联性。

表 9 - 5 不同上班时间与满意度情况 单位：人

工作满意度	上班时间长度				合计
	60 分钟以上	30～59 分钟	15～29 分钟	15 分钟以下	
非常满意	8	12	25	22	67
一般满意	9	20	23	11	63
不满意	13	18	17	7	55
合计	30	50	65	40	185

1. 分析

例 9-5 属于典型的双变量为等级资料的数据，在实际的科研中也经常会遇到这样的情况，例如教育程度与收入等级之间的关系，可以选用专门用于等级资料的 Gamma 系数来分析其关联性。本例资料的录入如图 9 - 25 所示，在工作满意的维度上，用 1、2、3 分别代表非常满意、一般满意和不满意；在上班时间长度上，用 1、2、3、4 分别代表 60 分钟以上、30～59 分钟、15～29 分钟和 15 分钟以下。本例同样需要对频数进行加权处理。

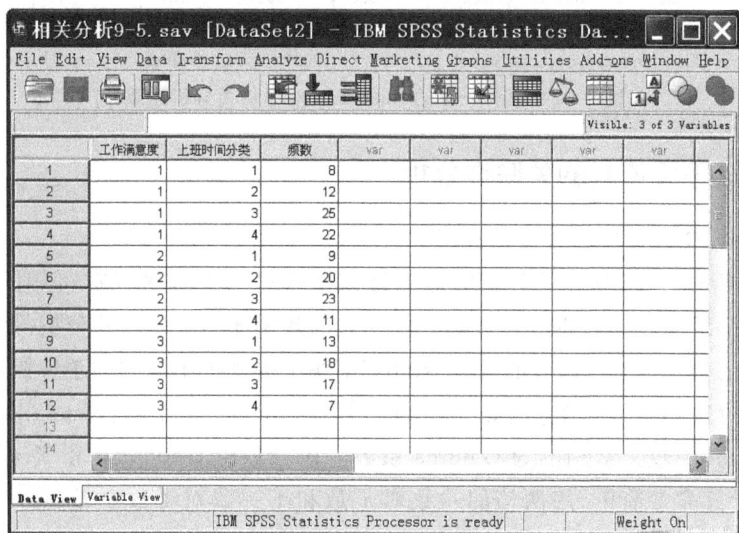

图 9 - 25 例 9 - 5 的数据录入

2. 操作

(1) "Analyze"→"Descriptive Statistics"→"Crosstabs"。

（2）将"工作满意度"和"上班时间分类"分别选入"Row(s)"和"Column(s)"，如图9-26所示。

（3）单击"Statistics..."按钮，在弹出的对话框（见图9-27）中选择"Chi-square"和"Gamma"，点击"Continue"回到如图9-26所示界面，点击"OK"按钮。

3. 界面说明

操作界面与例9-3的操作界面完全一样，在此不再赘述。需要注意的是，如果需要精确算法，则需要点击图9-26界面右边的"Exact..."对话框进行设置，SPSS在此例中不会自动输出确切概率算法的结果，点开"Exact..."对话框后可以选择计算近似概率值、采用蒙特卡罗模拟的确切概率值和计算出确切概率值三种方式。

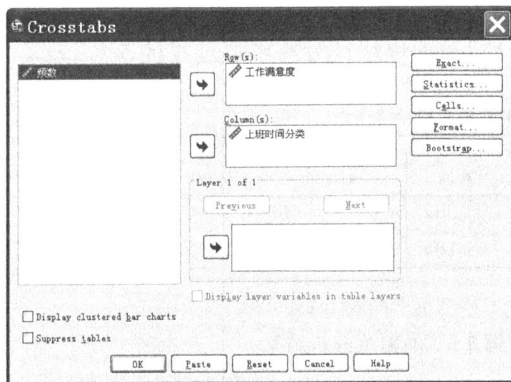

图9-26 例9-5的卡方检验界面

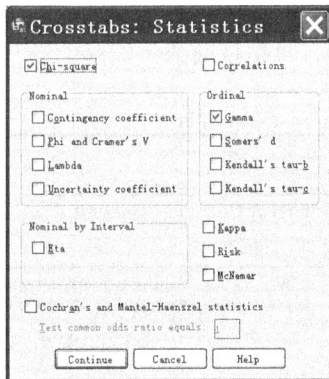

图9-27 例9-5的统计量对话框

4. 结果解释

与前面9-4的例子相同，图9-28为列联表卡方检验的结果框，共有4行值，由上至下分别是："Pearson Chi-square"（Pearson卡方值）为12.826，后面分别是自由度为6，双侧近似概率P值为0.046，差异有统计学意义，可以认为上班时间的长度与工作满意度之间不独立。"Likelihood Ratio"为似然比卡方，在处理多维表时有更大的优势，一般情况下与Pearson卡方的结果是一致的，此处似然比卡方值为12.745，P值为0.047。"Linear-by-Linear Association"为线性卡方，一般用于连续型变量，列联表中很少用。"N of Valid Cases"为有效例数，本例为185例。结果框下方的注释显示，在例9-5的列联表中没有任何一个格子的理论数小于5，最小的也有8.92，说明本例应选择Pearson卡方检验。

Chi-Square Tests

	Value	df	Asymp. Sig. (2-sided)
Pearson Chi-Square	12.826[a]	6	.046
Likelihood Ratio	12.745	6	.047
Linear-by-Linear Association	10.448	1	.001
N of Valid Cases	185		

a. 0 cells (.0%) have expected count less than 5. The minimum expected count is 8.92.

图 9 - 28　例 9 - 5 的卡方检验的结果框

图 9 - 29 呈现了例 9 - 5 的列联系数的值,即 $C=-0.302$,负相关,关联性很弱,P 值为 0.001,说明此关联系数有统计学意义,可以认为上班时间的长度与工作满意度之间存在负相关,即工作时间越长其表现出的工作满意度越差。若还进行了 Bootstrap 分析,则会如图 9 - 30 所示给出列联系数的95%可信区间为 $-0.459\sim-0.115$,与常规统计方法所得结果的误差较小。

Symmetric Measures

		Value	Asymp. Std. Error[a]	Approx. T[b]	Approx. Sig.
Ordinal by Ordinal	Gamma	-.302	.087	-3.388	.001
N of Valid Cases		185			

a. Not assuming the null hypothesis.
b. Using the asymptotic standard error assuming the null hypothesis.

图 9 - 29　例 9 - 5 的相关分析结果

Bootstrap for Symmetric Measures

			Bootstrap[a]			
					95% Confidence Interval	
		Value	Bias	Std. Error	Lower	Upper
Ordinal by Ordinal	Gamma	-.302	.005	.089	-.459	-.115
N of Valid Cases		185	0	0	185	185

a. Unless otherwise noted, bootstrap results are based on 1000 bootstrap samples

图 9 - 30　例 9 - 5 的 Bootstrap 抽样相关分析结果

第三节　偏相关分析

一、偏相关分析方法说明

在研究两个事物或现象之间的关系时,只有充分考虑到其他事物对这两个事物的影响后才能发现两者真正的联系。前面的相关分析仅仅分析的是两个变量间的关系,没有考虑到第三方的影响,这就会导致对现象的解释出现偏差。例如,在研究胰岛素对血糖的影响时,还要考虑体内生长激素浓度的影响。又如,有个研究者偶然发现身高和薪水之间有很强的正相关关系,后来才发现性别是第三方影响因素,因为在该群体中男性的身高普遍比女性高,男性的薪水也大多比女性高,所以性别才是解释薪水高低的真正原因,而不是身高。

偏相关分析是指扣除了其他因素的作用后,重新来考察这两个因素间的关联强度,使得计算出来的相关系数真正体现两者间的关系。在回归分析中我们可以通过多重线性回归来控制其他变量的影响,在相关分析中我们通过偏相关分析来达到此目的,计算出来的系数称为偏相关系数。偏相关系数的计算是以两变量间简单相关的系数为基础而来的,以考察三个因素为例:

$$r_{12(3)} = \frac{r_{12} - r_{13} \times r_{23}}{\sqrt{1 - r_{13}^2} \times \sqrt{1 - r_{23}^2}} \quad (9-3)$$

式中:$r_{12(3)}$ 为控制了变量 X_3 后,变量 X_1 和变量 X_2 之间的偏相关系数;r_{12} 表示变量 X_1 与变量 X_2 之间的相关系数;r_{23},r_{13} 以此类推。

二、偏相关分析举例

例 9-6　有一研究者为了分析中学生对于一门课程的复习时间和其考试成绩之间的关系,测量了 8 名中学生的这两个变量值。这名研究者根据经验考虑到智商可能是考试成绩的一个影响因素,同时还测量了这 8 名中学生的智商,如表 9-6 所示。请分析学习时间与成绩之间的相关关系。

表 9-6　8 名中学生学习的时间(小时)、考试成绩和智商得分

学生编号	A	B	C	D	E	F	G	H
学习时间(X)	4	1	3	5	8	2	7	6
考试成绩(Y)	5	2	1	5	9	7	6	8
智商(Z)	100	95	95	108	110	117	110	115

(一)分析

此例需要计算复习时的学习时间与考试成绩间的偏相关系数,对于连续型变量我们需要考察这三个变量的分布和初步了解其是否存在线性相关。

图9-31(A)、(B)分别是这三个变量的三维散点图和二维散点图,可以初步判定其存在线性相关。在 SPSS 的"Correlate"模块中有专门分析连续型变量间偏相关系数的模块,可以很好地解决此问题。数据的录入也非常简单,如图9-32所示。

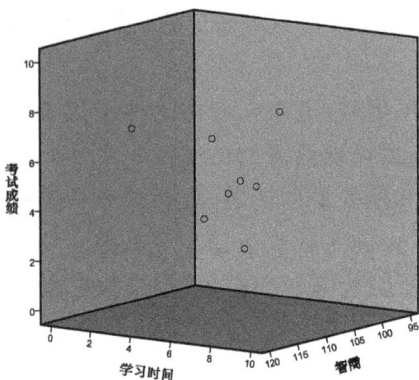

(A) 三维散点图　　　　　　　　　(B) 二维散点图

图 9-31　例 9-6 的散点图

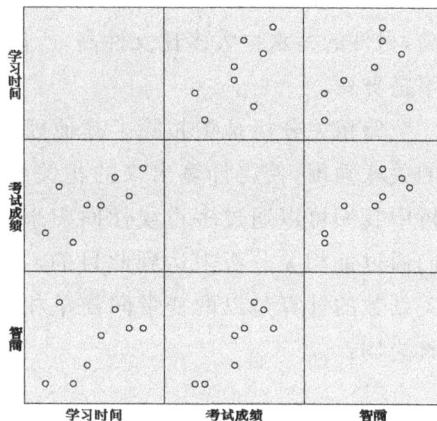

图 9-32　例 9-6 的数据录入

(二) 操作

(1) "Analyze"→"Correlate"→"Partial",出现双变量分析的对话框如图9-33所示。

（2）将"学习时间"和"考试成绩"两个变量选入"Variables"框中，将"智商"选入"Controlling for"框中。

（3）选择"Options..."，在对话框（见图 9 - 34）中选择"means and standard deviations"；单击"Continue"回到如图 9 - 33 所示界面，单击"OK"按钮。

如果要进行 Bootstrap 分析，单击"Bootstrap..."则出现如图 9 - 35 所示对话框，选择"Perform bootstrapping"，其他设置按默认即可。

（三）界面说明

图 9 - 33 为偏相关分析的界面。

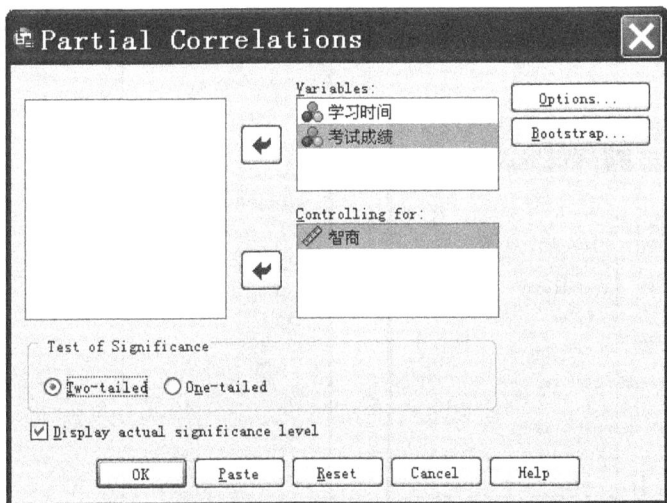

图 9 - 33　例 9 - 6 的偏相关分析界面

（1）"Variables"为变量列表框，用于从左边的变量列表里选入需要进行相关分析的变量，至少需要选入两个。如果选入多个则会以矩阵的形式给出偏相关分析的结果。

（2）"Controlling for"框内选入需要控制的变量，至少要选入一个，也可选入多个。

（3）"Test of Significance"为显著性检验单选框，用于确定对相关系数的假设检验是单侧（One-tailed）还是双侧（Two-tailed）检验，一般为双侧检验，默认也是此项。

（4）"Display actual significance level"显示对偏相关系数所做的假设检验，打"√"后在结果输出框里会呈现具体的 P 值，为了方便阅读结果一般要求选中此项。

（5）"Options..."：设置需要输出的统计量和对缺失值的处理方式。"means and standard deviations"为输出各变量的均数和标准差；"Zero-order correlations"为输出零阶相关系数，即包括协变量在内所有变量两两相关系数矩阵，用以辅助判断。

（6）"Bootstrap..."：进行 Bootstrap 分析，可输出偏相关系数的 Bootstrap 抽样的点估计和可信区间，界面如图 9-35 所示。界面中的具体内容见第九章第一节相关内容，此处不再赘述。

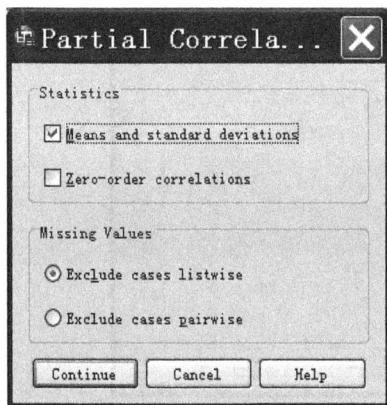

图 9-34　偏相关的选项

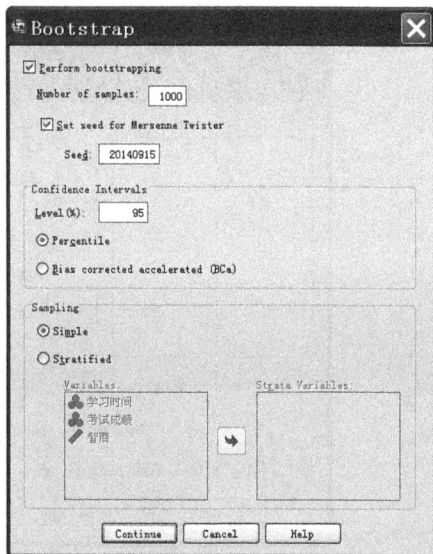

图 9-35　例 9-6 的 Bootstrap 抽样分析界面

（四）结果解释

例 9-6 的偏相关分析的主要结果如图 9-36 所示，与 Pearson 相关分析的结果框相类似，以矩阵的形式给出结果，给出了按照式（9-3）计算出来的偏相关系数 $r_{XY(Z)}=0.634$，即控制了智商之后，学习时间与成绩之间的偏相关系数为 0.634。第二行显示了对此偏相关系数进行假设检验的 P 值为 0.126，大于 0.05，说明此偏相关系数无统计学意义。这里可能是例数太少的原因，其实单从相关系数来说，它们之间的相关性还是较大的。图 9-37 呈现了 Bootstrap 分析的结果，上半部分与图 9-36 相同，下半部分的 4 行分别给出了偏差、标准误和偏相关系数的 95% 可信区间。其实 95% 可信区间这个指标在很多地方还是很有用的，特别是在经典统计学方法难以计算可信区间的情况下。此例的 95% 可信区间为 $-0.568 \sim 0.958$。我们注意到这里的可信区间包含了 0,这与假设检验的结果是一致的,说明尚不能认为在控制智商后学习时间与成绩存在相关关系。

Correlations

Control Variables			学习时间	考试成绩
智商	学习时间	Correlation	1.000	.634
		Significance (2-tailed)	.	.126
		df	0	5
	考试成绩	Correlation	.634	1.000
		Significance (2-tailed)	.126	.
		df	5	0

图 9 - 36　例 9 - 6 的偏相关分析结果

Correlations

Control Variables					学习时间	考试成绩
智商	学习时间	Correlation			1.000	.634
		Significance (2-tailed)			.	.126
		df			0	5
		Bootstrap[a]	Bias		.000	-.080
			Std. Error		.000	.357
			95% Confidence Interval	Lower	1.000	-.568
				Upper	1.000	.958
	考试成绩	Correlation			.634	1.000
		Significance (2-tailed)			.126	.
		df			5	0
		Bootstrap[a]	Bias		-.080	.000
			Std. Error		.357	.000
			95% Confidence Interval	Lower	-.568	1.000
				Upper	.958	1.000

a. Unless otherwise noted, bootstrap results are based on 1000 bootstrap samples

图 9 - 37　例 9 - 6 的 Bootstrap 抽样偏相关分析结果

☞ **实验思考题**

1. 有一位研究邻里关系的研究者收集了某个社区 12 名成年人的样本数据,包括他们在这个社区居住了多少年(X)和邻居中有多少个(Y)被当成朋友。计算以下这些数据的相关系数,并确定其是否是显著的。

居住年数（X）	朋友数量（Y）
1	1
5	4
6	2
1	3
8	5
2	1
5	2
9	6
3	4
2	1
4	7
2	
0	

2. 某位研究者想研究城市的自杀率和谋杀率是否是相关的,如果相关,它们是相反变化的(负相关),还是一致变化的(正相关的)。通过近些年的数据,该研究者比较了 10 个城市的自杀率和谋杀率(每百万人口,并被四舍五入为整数),其结果如下。试做相关性分析。

城市	自杀率（每百万人口）	谋杀率（每百万人口）
A	20	22
B	22	28
C	23	15
D	10	12
E	14	12
F	21	19
G	9	13
H	13	16
I	15	17
J	18	20

3. 人们在休闲时间中的阅读和看电视是否有联系？为了回答这个问题，一位传播学者调查了 11 名学生，询问其在过去一年里读书的本数和平均每天看电视的小时数，其结果如下。试分析其相关性。

读书的数量（本）	看电视时间（时）
0	3
7	1
2	2
1	2
5	0
4	1
3	3
3	2
0	7
4	2
1	4

4. 一位学者希望研究人口密度（X）和生活质量（Y）之间的关系。其对 13 个主要城市的这两个变量进行排序后，他得到了以下结果。试分析其相性。

城市	人口密度（X）	生活质量（Y）
A	8	2
B	1	7
C	3	8
D	7	1
E	8	2
F	9	4
G	2	7
H	4	5
I	10	3
J	2	10
K	5	6
L	6	9
M	9	4

5. 一位学者调查了一个由来自不同社会经济背景的 115 名儿童组成的样本，询问他们过去一年在校外一共读了多少本书。请针对以下数据，计算社会经济背景（X）和读书的数量（Y）的相关系数，并指出这种关系是否是显著的。

读书的数量 （Y）	社会经济背景（X）			
	下	中下	中上	上
没有	19	12	7	5
一本	12	9	10	8
超过一本	4	6	9	14

参考文献

[1] 艾尔·巴比.社会研究方法[M].11版.北京:华夏出版社,2009.

[2] 埃文·塞德曼.质性研究中的访谈:教育与社会科学研究者指南[M].周海涛,译.重庆:重庆大学出版社,2009.

[3] 艾晓明.广告故事与性别——中外广告中的妇女形象[J].妇女研究论丛,2002(2):23-31.

[4] 贝利.现代社会研究方法[M].上海:上海人民出版社,1986.

[5] 陈希孺.机会的数学[M].北京:清华大学出版社,2000.

[6] 陈向明.质的的研究方法与社会科学研究[M].北京:教育科学出版社,2000.

[7] 丹尼·L乔金森.参与观察法[M].龙筱红,张小山,译.重庆:重庆大学出版社,2009.

[8] 邓恩远,于莉.社会调查方法与实务[M].北京:北京大学出版社,2009.

[9] 第三期中国妇女社会地位调查课题组.第三期中国妇女社会地位调查主要数据报告[J].妇女研究论丛,2011(6):5-15.

[10] 董奇.心理与教育研究方法[M].北京:北京师范大学出版社,2004.

[11] 范伟达,范冰.社会调查研究方法[M].上海:复旦大学出版社,2010.

[12] 裴娣娜.教育研究方法导论[M].合肥:安徽教育出版社,2000.

[13] 风笑天.社会学研究方法[M].北京:中国人民大学出版社,2013.

[14] 风笑天.高回收率更好吗?——对调查回收率的另一种认识[J].社会学研究,2007(3):121-136.

[15] 高晓倩.问卷设计中敏感性问题的处理[J].辽宁工程技术大学学报(社会科学版),2009(6):601-603.

[16] 顾海根.上海市大学生网络成瘾调查报告[J].心理科学,2007,30(6):1482-1483.

［17］郝大海.社会调查研究方法［M］.北京：中国人民大学出版社,2009.

［18］侯典牧.社会调查研究方法［M］.北京：北京大学出版社,2014.

［19］华国栋.教育研究方法［M］.南京：南京大学出版社,2005.

［20］莱文,福克斯.社会研究中的基础统计学［M］.9版.王卫东,译.北京：中国人民大学出版社,2008.

［21］刘国萍,王忆勤,赵耐青,等.中医临床医生四诊信息判读及诊断一致性探讨［J］.世界科学技术（中医药现代化）,2010(3)：358－362.

［22］秦卫民,彭浩,何中延.浅谈大学生科研团队的组建［J］.广东工业大学学报（社会科学版）,2007(3)：6－8.

［23］沈正赋,许逸.网络自杀新闻报道及其影响因子研究［J］.青年研究,2010(5)：64.

［24］水延凯,等.社会调查教程［M］.北京：中国人民大学出版社,2010.

［25］谭祖雪,周炎炎.社会调查研究方法［M］.北京：清华大学出版社,2013.

［26］王学东,魏敬收,刘绪平,等.现代信息检索技术［M］.哈尔滨：哈尔滨工程大学出版社,2008.

［27］William R Miller,Stephen Rollnick.动机式访谈法：帮助人们改变［M］.郭道寰,王韶宇,江嘉伟,等译.上海：华东理工大学出版社,2013.

［28］吴鲁平,简臻锐.农村青年电信诈骗行为的产生、延续与断裂——基于东南沿海某村6名诈骗者的质的研究［J］.青年研究,2014(1)：22－30,94－95.

［29］徐云杰.社会调查设计与数据分析——从立题到发表［M］.重庆：重庆大学出版社,2011.

［30］薛天祥,周海涛.WTO与中国教育［M］.北京：中国青年出版社,2001.

［31］杨中芳,彭泗清.中国人人际信任的概念化：一个人际关系的观点［J］.社会学研究,1999(2)：1－21.

［32］袁方.社会研究方法教程［M］.北京：北京大学出版社,1997.

［33］张维迎,柯荣住.信任及其解释：来自中国的跨省调查分析［J］.经济研究,2002(10)：59－70,96.

［34］张文彤,邝春伟.SPSS统计分析基础教程［M］.2版.北京：高等教育出版社,2011.

［35］朱巧燕.高校跨学科团队的信息传播机制研究［J］.职业时空,2011(4)：158－159.